Ellen Duthie e Anna Juan Cantavella

ilustrações
Andrea Antinori

A MORTE
é assim?

38 PERGUNTAS MORTAIS DE MENINAS E MENINOS

tradução
Sheyla Miranda

baião

Para Iain
Ellen

Para Clàudia e Gael
Anna

Índice

Sobre este livro 6

1. Eu vou morrer? 10
2. Como a pele desaparece? 14
3. Quando morremos, o pensamento vai embora? 18
4. Quando morremos, o corpo morre todo de uma vez? 20
5. Como sabemos que um morto está realmente morto? 24
6. Como morremos? 28
7. Quando morremos? 30
8. Existe uma idade-limite? 34
9. Por que temos de morrer? 36
10. Quem cuida dos filhos quando os pais morrem? 40
11. O que existe depois da morte? 44
12. Para onde vamos quando morremos? 48
13. Antes de nascer, onde eu estava? Estava morta? 52
14. É possível saber se os nossos avós mortos têm sentimentos? 54
15. Um dia todos nós seremos extintos? 56
16. Por que há pessoas que se suicidam? 60
17. Por que os mortos são enterrados? 64
18. Se alguém que amamos morre, quanto tempo ficamos tristes? 68
19. Morrer é má sorte? 70
20. Por que vestem os mortos de branco na Índia e no Paquistão? 72

21. A morte tem uma forma física? 76

22. Como as lápides são feitas? 80

23. Por que às vezes não deixam as crianças da família verem os mortos? 82

24. Por que nos incomoda falar sobre a morte? 84

25. Existe algum destino pior do que a morte? 86

26. E se eu morrer, o que acontece com o meu video game? 88

27. Como percebemos que vamos morrer em breve? 92

28. A morte dá medo? 96

29. O que sentimos quando somos envenenados? 100

30. Como vou saber que só dormi, e não que morri? 102

31. Qual é o sentido da vida, se vamos morrer? 106

32. No futuro, vão existir máquinas para ressuscitar as pessoas? 108

33. Por que quando um animal está doente recebe uma injeção para morrer logo, mas uma pessoa não? 112

34. Por que algumas pessoas doam órgãos quando morrem? 114

35. Existe algum lugar onde está escrito quando vamos morrer? 116

36. É verdade que quando se é decapitado, o corpo corre sem a cabeça? 120

37. Podemos pedir a alguém para não morrer? 124

38. Por que se diz "descanse em paz" e não "descanse feliz"? 128

Quem fez este livro? 133

Outras perguntas mortais 135

Sobre este livro

Querido ser mortal,

Muito obrigada por escolher este livro e parabéns por se atrever a abri-lo.

Ainda que o simpático esqueleto da capa nos convide a entrar, a morte é um tema estranho. Provoca muita curiosidade, só que também assusta. Como quando você vê um filme de terror e tapa os olhos, mas não consegue evitar abrir os dedos e dar uma olhadinha antes de cobrir a vista de novo. Não passam nem dois segundos e você já está espiando por entre os dedos outra vez. Ah!, você tapa os olhos de novo: quer e não quer olhar, quer e não quer saber.

O bom dos livros é que você pode fechá-los quando quiser. Uau! E pode voltar a abri-los um segundo depois, porque realmente quer ler um pouco mais ou porque quer ler um capítulo diferente. Ou, claro, você também pode deixar o livro fechado até outro dia, outro mês, outro ano, ou quando a vontade bater.

Mas antes de experimentar abrir e fechar estas páginas, deixe a gente te contar uma coisa sobre este livro.

A ideia surgiu porque a morte é um assunto que interessa muito a nós, as escritoras (Anna e Ellen), como também acontece com a maioria dos seres humanos. Nós duas pensamos que é um tema do qual se fala muito pouco apesar de ser tão fascinante, e por isso decidimos produzir um livro sobre a morte que desse o que falar. Outro grande interesse nosso são as perguntas (não existe nada que a gente goste mais do que uma boa pergunta!), então desde o começo estava claro que elas deveriam ser as protagonistas do livro. Decidimos começar com um convite para fazer perguntas interessantes sobre a morte.

Para isso, criamos uma publicação chamada *MORTAL! Propostas vitais para pensar sobre assuntos mortais*. A partir dessa publicação, desenvolvemos uma série de oficinas para abrir espaço e ter tempo para pensar, imaginar e perguntar sobre a morte. Depois que nós mesmas experimentamos as oficinas, convidamos famílias, escolas e bibliotecas do mundo todo para integrar o projeto e colaborar enviando perguntas das crianças participantes.

Recebemos centenas de perguntas de diversos lugares (Espanha, Itália, Finlândia, Alemanha, Reino Unido, Estados Unidos, Colômbia, México, Argentina, Equador, Brasil e Turquia), que você pode ler no fim do livro.

E então chegou o momento de classificar e selecionar as perguntas. Você não imagina como foi difícil!

Você vai ver que há perguntas de todos os tipos: científicas, filosóficas, antropológicas, psicológicas e mais práticas. Há também perguntas engraçadas e tristes, mais ou menos difíceis, incômodas, corajosas, surpreendentes e travessas. As 38 perguntas que dão título a cada capítulo são uma amostra representativa da rica variedade de inquietações e curiosidades sobre a morte expressas pelas pessoas vivas de cinco a quinze anos de idade que participaram do projeto.

Com as perguntas já selecionadas, Andrea, o ilustrador, entrou em cena. Sua missão? Ilustrar as perguntas (ele não leu nenhuma resposta antes de começar a desenhar). Por isso, uma forma de olhar para as ilustrações deste livro é pensando que também são respostas às perguntas, ou explorações de maneiras possíveis de abordá-las.

Depois, ao escrever as respostas, nós, as escritoras, pudemos brincar e nos relacionar não só com as perguntas, como também com as ilustrações.

O processo de elaborar este livro foi realmente divertido e fascinante. Imagine só, nos divertimos tanto que para terminá-lo demoramos... três anos! Sim, é isso mesmo, três anos. Já era uma suspeita nossa, mas conseguimos comprovar que as perguntas sobre a morte não podem ser respondidas com pressa. E por mais que a gente prometa respostas na capa deste livro, o que fizemos foi mergulhar, explorar e nos aprofundar nas possíveis respostas e nas diferentes formas de nos relacionarmos com cada pergunta.

O que realmente nos deixaria felizes é que as respostas oferecidas neste livro abrissem caminhos para boas conversas e para muitas outras perguntas. As perguntas nunca morrem.

Viva as perguntas!

Quando ler este livro

Às vezes, parece que só lemos ou pensamos sobre a morte quando uma pessoa querida morre ou a morte está próxima de alguma outra forma. Este livro pode ser lido nesses momentos, se for o caso, mas não é um livro concebido especificamente para o luto.

É um livro que convida a pensar e a conversar sobre a morte com naturalidade, a qualquer momento, e sob os mais diversos pontos de vista.

Então você pode ler quando quiser!

Como ler este livro

Você pode ler este livro quando estiver sem companhia ou com alguém. Caso leia primeiro quando estiver só, é bem provável que logo queira compartilhá-lo com outra pessoa, pois os assuntos mortais são assim. Dá vontade de bater um papo sobre eles.

Você pode ler este livro do começo ao fim, uma pergunta e sua resposta depois da outra. Ou pulando, indo de pergunta em pergunta como der na telha, seguindo as que mais te agradam, interessam ou assustam. Buh!

Também é possível começar lendo uma e logo depois passar para outras perguntas relacionadas. Na margem de algumas páginas estão indicadas as perguntas que se relacionam com a que está sendo lida, caso você queira seguir a trilha.

Você pode pensar nas suas próprias perguntas enquanto lê e anotá-las ou compartilhá-las com quem quiser.

Você pode "seguir as pistas". Em cada uma das perguntas há pequenos detalhes, histórias ou dados que talvez despertem ainda mais a sua curiosidade. Você pode pesquisar e complementar a resposta com informações ou leituras que fizer.

Ou seja, você pode ler como quiser!

Este livro...
... contém perguntas de meninas e meninos de diferentes partes do mundo, mas não de todas. É provável, ou pelo menos possível, que este mesmo livro, com perguntas de outros lugares do mundo, fosse muito diferente.

Em *A morte é assim?*...
... falamos principalmente da morte dos seres humanos. Muitos outros seres morrem todos os dias. Daria para escrever outros livros.

O nosso mais sincero agradecimento...
... a todas as pessoas de cinco a quinze anos que participaram do projeto e fizeram as saborosas perguntas que deram origem a este livro (e que vão proporcionar tantas conversas entre as pessoas que o lerem!). Obrigada!

1. Eu vou morrer?

Clàudia

Querida Clàudia,

Você é sortuda! Essa é uma das poucas perguntas sobre a morte que tem uma resposta clara e direta. Dá para responder em uma única palavra: sim.

Só que, mesmo sendo a resposta certa, não parece que é insuficiente?

Às vezes, uma pergunta precisa de mais do que uma simples resposta certa. Vamos nos aprofundar.

A afirmação "Você vai morrer" é tão verdadeira quanto esta outra: "2 + 2 = 4". Em outras palavras, não há como escapar da morte. Se você for um ser humano, você vai morrer. Você pode dizer em alto e bom som, sem medo de errar ou mentir: EU VOU MORRER!

Mas não se preocupe, Clàudia, você não está sozinha! Está acompanhada por muitas pessoas quando o assunto é mortalidade. A morte é algo que mais cedo ou mais tarde vai chegar para todos os seres humanos. Algum dia (esperamos que em um futuro razoavelmente distante), as autoras e o ilustrador deste livro vão morrer, assim como as pessoas da nossa família, os nossos amigos e amigas, os nossos animais de estimação e as nossas plantas. Somos mortais.

E se...
... em vez de ser humano, você fosse uma água-viva imortal (*Turritopsis dohrnii*)? Aí quem sabe você conseguisse escapar das garras da morte, mas seria improvável que estivesse lendo este livro.

O que é especialmente difícil para os seres humanos (e não tanto para os nossos animais de estimação ou as nossas plantas) é que não só somos mortais, mas sabemos disso!

Quando pensamos na nossa própria mortalidade pela primeira vez, pode ser que a ideia nos assuste. Talvez na segunda e terceira vez também. Brrr!

Às vezes, quando ensaiamos uma pergunta como "Eu vou morrer?", nos deparamos com outras perguntas ou preocupações mais difíceis de responder:

É possível que eu morra em breve?
Vai doer ou não vai doer?
Qual será a sensação de estar morto ou morta?

É estranho e perturbador saber de alguma coisa com tanta certeza (que um dia vamos morrer), mas sem ter a menor ideia de quando vai acontecer, como vai acontecer ou qual vai ser a sensação quando acontecer.

Tanta incerteza mata a gente! Por um lado, queremos tapar os olhos e os ouvidos e nunca mais pensar sobre a nossa morte; sentimos medo. Por outro lado, estamos morrendo de vontade de saber mais; sentimos curiosidade.

Experimento caseiro
Feche os olhos e tente imaginar a sensação de não estar viva ou vivo. Será que é impossível?

Mas pense bem. Será que realmente gostaríamos de saber mais? Quanto mais gostaríamos de saber? E o que faríamos com essa informação? Não é tão fácil responder!

Então, o que podemos fazer com todas essas perguntas sobre a morte que rondam a nossa cabeça, algumas delas sem resposta?

Aqui vai uma sugestão: uma das coisas mais reconfortantes que podemos fazer com a nossa mortalidade e com as nossas perguntas sobre a morte é compartilhá-las com outros seres mortais. Assim, é possível que, na vigésima quarta vez em que pensarmos sobre a nossa própria mortalidade, a ideia pareça um pouquinho mais normal e nos assuste um pouco menos.

P.S.: Que ótima pergunta para começar o livro, Clàudia!

Talvez você se interesse em ler também as perguntas 9 e 37.

Questionário de conhecimento mortal
Você gostaria de saber a data exata da sua própria morte? Por quê? Quais as vantagens e as desvantagens disso? Você levaria a vida de maneira diferente se soubesse que viveria pouco tempo? E se soubesse com toda a certeza que viveria uma vida muito longa?

2. Como a pele desaparece?

Nacho

Querido Nacho,

Que maneira mais elegante de perguntar sobre o processo de esqueletização!

Vamos começar dando um alô. Observe o seu corpo, todo coberto de pele. Toque em um dos seus braços. Sinta a pele e a carne que há por baixo dele. Aperte um pouquinho e sinta o osso. Agora toque na sua bochecha. Ela tem um volume agradável? Certo, então procure os ossos que estão próximos, a maçã do rosto acima e a mandíbula abaixo. Suba e toque a pele ao redor de um dos olhos e sinta a órbita do crânio. Oi, esqueleto!

Conhecemos bem os esqueletos, e não só pelo tato. Estão por todos os lados: nos filmes e nas histórias, nos museus e nas festas populares. Funcionam como um símbolo: compreendemos, assim que os vemos, que representam a morte. Mas uma coisa é pensar nesses esqueletos e outra é pensar neste esqueleto, o seu. Imaginar a nós mesmos como esqueletos pode ser perturbador e até causar arrepios. Ai! Isso nos lembra de que somos mortais.

Mas vamos deixar os arrepios para lá e ir direto ao ponto.

Se a nossa escolha não for a cremação, é provável que um dia, de todo o nosso corpo, não reste nada além do esqueleto. Em outro dia, ainda mais distante, nem os ossos devem restar. Puf! O corpo vira fumaça! Mas a sua pergunta é boa: como? Como é que a carne some? Como a pele desaparece?

Já imaginou poder observar um corpo ao ar livre, do momento da morte até que só sobrem os ossos? Seria um experimento longo (semanas, meses, às vezes anos!), com momentos nojentos e fedorentos, sem dúvida, porém, fascinante como um todo.

O coração parou. As células do corpo começam a se romper. À medida que se rompem, liberam gases e outras substâncias que para os seres humanos parecem malcheirosas, mas para outras criaturas são o anúncio de um banquete. Os primeiros comensais são as bactérias que já estavam no corpo, lideradas por aquelas que habitavam o intestino, que começam a se reproduzir com rapidez e se espalhar. Os insetos chegam quase em seguida (as moscas são particularmente velozes). Por fim, os vermes (as larvas dos próprios insetos) também acabam entrando na festa, acompanhados de outras bactérias, fungos e microrganismos que vêm de fora. Juntos, eles consomem as partes moles do corpo. O processo de putrefação teve início. Acontece aos poucos e em diferentes fases que se sobrepõem.

Os órgãos internos primeiro se liquefazem e depois começam a "virar fumaça", pouco a pouco: o fígado, o baço, os intestinos, o coração... até não restar nada.

Velocidade variável

Um cadáver ao ar livre se decompõe duas vezes mais rápido do que um cadáver submerso na água, e oito vezes mais rápido do que um cadáver enterrado debaixo da terra. Um cadáver dentro de um caixão ou em uma gaveta fúnebre também leva mais tempo para se tornar um esqueleto. Isso porque, quando o cadáver está exposto ao ar livre e em contato com o solo, os insetos que fazem a decomposição têm fácil acesso a ele.

E os ossos?

Os ossos demoram muito mais tempo para desaparecer. Um esqueleto pode durar de vinte a milhares e milhares de anos.

Enquanto isso, a pele já começou a ressecar e rachar, e pouco a pouco vai se desprendendo. E assim caem as unhas, os cabelos… até que só sobra o esqueleto!

Esse processo pode durar algumas semanas ou alguns anos. Em lugares muito quentes e úmidos, um corpo pode se transformar em esqueleto em apenas duas semanas. Em lugares muito frios ou onde o ambiente é muito seco, fica mais difícil para as bactérias e os insetos cravarem os dentes no corpo (é só modo de dizer), e o processo de putrefação se torna mais lento. Às vezes até estaciona! Nesses casos, a pele não cai, mas fica ressecada e grudada nos ossos. Tais esqueletos com restos de pele recebem o nome de… múmias!

E chegou a hora de nos despedirmos. Nem todos os corpos se convertem em esqueletos. Se optarmos pela cremação, não há tempo para o corpo se decompor e muito menos para se transformar em esqueleto. Além disso, a temperatura da cremação é tão alta que nem mesmo os ossos resistem a ela. É por isso que só restam cinzas no final. Adeus, esqueleto!

Talvez você se interesse em ler também as perguntas 4, 17 e 36.

3. Quando morremos, o pensamento vai embora?

Isaí

Querido Isaí,

A sua pergunta é muito boa e, como todas as boas perguntas, é muito antiga.

A ciência nos diz que existem dois tipos de morte: a morte clínica ou aparente (quando os batimentos cardíacos e a respiração param) e a morte cerebral ou irreversível (quando o cérebro deixa de receber oxigênio e perde toda a atividade). Normalmente, a morte cerebral ocorre alguns minutos depois da morte clínica. E nesse momento, sim, daria para dizer que o pensamento vai embora.

Porém, as perguntas sobre a morte nem sempre são saciadas com respostas científicas. Como não? Nesse caso, muitas outras perguntas ficam pairando. O corpo morre, sim, mas... nós, seres humanos, não somos algo mais do que um corpo? O nosso corpo pode ser tocado, mas os nossos pensamentos não. O nosso cérebro é a mesma coisa que a nossa mente? O que acontece com tudo aquilo que não podemos tocar, mas que sentimos fazer parte de nós? Não seria possível que um pouco disso de alguma forma permanecesse depois da morte?

O fato é que essas perguntas não podem ser respondidas a partir do conhecimento (nenhum morto voltou para contar a história!), mas sempre nos resta a imaginação.

O que você acha?
O pensamento vai embora ou não? Se não vai embora, como funciona?
O que você imagina? E o que as pessoas ao seu redor acham?
Experimente fazer uma enquete. O pensamento vai ou não vai embora quando morremos?

Na sua opinião, quem...
... vai ganhar a partida? O esqueleto ou o homem pela metade?
Por quê?

Talvez você se interesse em ler também as perguntas 4, 5, 32 e 36.

4. Quando morremos, o corpo morre todo de uma vez?

Ariadna

Querida Ariadna,

Algumas perguntas sobre a morte dão vontade de rir, outras dão medo e muitas provocam uma curiosidade incontrolável. A sua faz as três coisas ao mesmo tempo: é engraçada, é inquietante e é completamente fascinante. Que pergunta!

    Como você pode ver, o ilustrador se divertiu ao brincar com o aspecto cômico da sua pergunta. Veja só como a cabeça da rainha Maria Antonieta escapa de skate, tão empenhada em sobreviver um pouco mais do que o corpo! Aonde a cabeça dela está indo? Mudar a história? Ou aproveitar pela última vez algum prazer mundano? Quem chega antes, a morte ou o carrasco?

    Nós, as escritoras, também achamos a sua pergunta engraçada. Quando a lemos, a ideia de que partes vivas de um corpo pudessem conviver com partes mortas nos veio à cabeça, e pensamos: "Que ótimo ponto de partida para uma piada!".

QUE VIVA A MINHA CABEÇA!

Mas quando tentamos inventar a piada, só pensávamos em perguntas inquietantes como esta: se o corpo não morre todo de uma vez, existiria um momento em que estaríamos "meio mortos" ou "meio vivos"? Aaaaah! O que é especialmente inquietante nessa ideia é que se ficamos meio mortos, ou meio vivos, é possível que tenhamos consciência de tudo e que sintamos dor ou sofrimento. Pensando assim, seria preferível que o corpo morresse todo de uma vez. Pá-pum! E pronto.

No entanto, é com pesar que dizemos para você e para todas as pessoas que leem este livro que não é assim que funciona. O corpo nunca morre todo de uma vez! Mesmo quando acontece do nada, como em um acidente, a morte é sempre um processo. Quando o coração para, o sangue deixa de circular e o oxigênio não chega às células de diferentes partes e órgãos do corpo. As células que precisam de maior quantidade de oxigênio para continuar funcionando são as que morrem primeiro. As que aguentam mais tempo sem oxigênio sobrevivem um pouco mais.

E é exatamente daqui que vem uma boa notícia para o que nos inquietava, Ariadna! As células do cérebro precisam de muito oxigênio para sobreviver, então morrem rápido. Menos mal! A partir desse momento, vamos morrendo aos poucos, mas não temos consciência de nada.

As próximas células a morrer são as do coração, do pâncreas, do fígado e dos rins, que podem demorar mais uma hora para morrer. A pele ou as córneas podem aguentar algumas horas, enquanto os glóbulos brancos podem sobreviver até dois ou três dias depois de o coração parar de bater.

Então não, o nosso corpo não morre todo de uma vez. E sim, algumas partes podem continuar vivas enquanto outras já não estão. Mas a cabeça da Maria Antonieta não poderia aproveitar esse último gole, porque seu cérebro já estaria morto, e um cérebro morto não pode aproveitar nada, infelizmente (ai!); nem sofrer, por sorte (ufa!).

Você já pensou que...
... graças ao fato de que o corpo não morre todo de uma vez, podemos transplantar órgãos ainda vivos para pessoas que precisam deles, e assim salvar vidas?

Talvez você se interesse em ler também as perguntas 2, 3, 5 e 36.

5. Como sabemos que um morto está realmente morto?

Eliana

Querida Eliana,

Já pensou acordar dentro de um caixão debaixo da terra? Aaaaaaah! Socorro!

Shhh, é melhor não gritar, você tem pouco oxigênio disponível e é bom economizar. Respire da maneira mais lenta e profunda que conseguir e torça, com todas as suas forças, que alguém venha abrir a tumba e te resgate antes que o oxigênio se esgote e você acabe morrendo de verdade.

Pronto! Já pode acordar do pesadelo!

A *tafofobia* é o medo de ser enterrado vivo por engano. Pode parecer um pouco exagerado agora, porque a probabilidade de acontecer algo assim no século XXI é remota, para não dizer quase inexistente. Mas nem sempre foi assim.

Antigamente, os médicos não tinham à disposição ferramentas e instrumentos capazes de ajudá-los a determinar com certeza a morte de um paciente. Na ausência de tecnologia, eles podiam contar apenas com o que viam e ouviam. Se o coração parava de bater (a pessoa não tinha pulso) e não havia sinais externos de respiração, considerava-se que estava morta. E, às vezes, era difícil decidir se ela tinha mesmo morrido ou se só parecia estar morta. Em muitas ocasiões, tais dúvidas geraram tragédias ou situações semelhantes às da imagem (só que sem o telefone): "Ei! Eu estou vivo!".

Citando um exemplo real, em um outono chuvoso de 1571, em um povoado inglês chamado Braughing, os carregadores do caixão em que estava o corpo de um tal Mathew Wall escorregaram nas folhas molhadas que cobriam, como um manto, o caminho para o cemitério. Imagine o solavanco. Todos foram parar no chão, e o caixão também! Dentro dele, o jovem Mathew acordou com o impacto e, desesperado, começou a bater na tampa — bum! bum! bum! — para alguém abrir. Ele viveu mais 24 anos.

Mathew teve sorte, mas aconteceram muitos outros casos nos quais, quando por fim descobriram que um corpo tinha sido enterrado mediante um erro de avaliação, já era tarde demais e a pessoa tinha morrido de verdade.

Esses erros trágicos deram origem ao hábito de esperar vários dias antes de enterrar um morto (para garantir que ele não despertaria e que a decomposição do corpo teria início antes de enfiá-lo debaixo da terra). Algumas pessoas registravam em testamento o pedido de que o seu coração fosse perfurado com uma agulha, para garantir que não fossem enterradas vivas. No século XIX, a invenção do estetoscópio fez com que não fosse mais necessário perfurar corações. Menos mal!

Os avanços médicos, além de solucionar problemas, muitas vezes geram novas perguntas. No início do século XX, os critérios para determinar se um morto estava realmente morto continuavam a ser a ausência de respiração e de batimentos cardíacos. Mas, com

E o que você acharia...

... de um "caixão de segurança"? No século XIX, foram patenteados vários modelos, equipados com bandeiras, respiradores, sinos e todo tipo de dispositivos estranhos que poderiam ser acionados na parte interna para avisar que a pessoa dentro do caixão não estava morta.

a chegada do ventilador mecânico, ou respirador artificial, e com a possibilidade de fazer transplantes de coração, ficou evidente que o diagnóstico da morte não podia depender só da respiração e dos batimentos. Como a morte poderia ser diagnosticada, então?

Em meados do século XX, várias pesquisas permitiram diferenciar a *morte clínica* (quando o coração para de bater e a respiração cessa) da *morte cerebral* (quando o cérebro deixa de funcionar e isso impossibilita recuperar a respiração e o pulso). Desde então, a medicina avançou muito nas pesquisas sobre a morte, e atualmente existem equipamentos e exames, como o eletroencefalograma, capazes de detectar quando o cérebro para de funcionar e a morte é irreversível. Assim, hoje em dia é muito mais fácil diferenciar a morte aparente da morte irreversível, e é impossível que uma pessoa seja enterrada viva.

Talvez você se interesse em ler também as perguntas 3, 4, 30 e 32.

E COMO SABEMOS QUE UM VIVO ESTÁ REALMENTE VIVO?

6. Como morremos?

Leo

Querido Leo,

Nós, seres humanos, morremos de (quase) todas as maneiras que você possa imaginar.

Até mesmo esmagados por um piano de cauda preto, como desenhou o ilustrador? É uma morte pouco frequente, porém, já aconteceu. Em Logroño, na Espanha, em 1903, o cidadão Cipriano García perdeu a vida quando um piano que estava sendo passado pela janela de um imóvel desabou sobre ele. Mas não se preocupe muito, porque em um ranking de possíveis formas de morrer, essa ocuparia um dos últimos lugares, possivelmente logo acima de morte por esmagamento por um piano de cauda rosa.

E o que encontraríamos no primeiro lugar do ranking? Os seres humanos do século XXI morrem, mais do que por qualquer outra causa, de doenças cardíacas.

Mas talvez seu interesse não tenha nada a ver com estatísticas, e sim com uma certa preocupação. Qual é a morte mais dolorosa? E a menos dolorosa? Existem maneiras mais dignas de morrer? Ou, como disse outra pergunta que recebemos para este livro: "Se eu morrer fazendo cara de boba, fico assim para sempre?".

Se você pudesse decidir como morrer, o que preferiria? Uma morte repentina e rápida (que não daria nem para perceber, mas aí não seria possível se despedir de ninguém) ou uma morte anunciada e mais lenta (você teria consciência de que está morrendo, e assim poderia se despedir)? E por quê?

Você pode morrer de tanto rir?
É improvável, mas não impossível. Contam que o filósofo grego Crisipo viu seu burro comendo figos e teve a ideia de pedir a um escravizado que buscasse para o burro uma tacinha de vinho "para acompanhar os figos". Ele achou tanta graça da própria ideia que caiu em uma risada incontrolável e morreu asfixiado de tanto rir. Moral da história: não ria das suas próprias piadas.

Talvez você se interesse em ler também as perguntas 19, 27 e 29.

7. Quando

morremos?

Zeno

Querido Zeno,

Podemos morrer em muitos momentos diferentes, mas uns são mais comuns do que outros. Por exemplo, se alguém morre aos oitenta ou aos noventa anos, ninguém vai achar que a pessoa era extraordinariamente jovem nem surpreendentemente velha para morrer. Tem gente que não morre nem depois de fazer cem anos, ou mais! E, mesmo que não seja o mais frequente, tem gente que morre na juventude ou na infância, assim que nasce ou até antes de nascer. Pode-se morrer a qualquer momento.

A qualquer momento?! Minha nossa! Essa ideia pode ser perturbadora, como se a morte pudesse pegar a gente de surpresa aqui e agora, enquanto lemos estas palavras. Alguma coisa nos faz olhar ao redor, como se buscássemos pistas. Talvez olhemos para o relógio. Será que é para ver quanto tempo nos resta? O ponteiro dos segundos gira lento, e se formos contar os segundos até a nossa morte, contaríamos tempo demais. Toda uma vida!

Embora a ideia de que a morte pode chegar a qualquer momento seja perturbadora, ela também pode nos encorajar de forma muito interessante. Se podemos morrer a qualquer momento, aproveitemos cada instante, vai que é o último?

Como se diz em latim, *carpe diem!* ("Aproveite o dia!"). E como se costuma dizer por aí: a vida é curta! (Existem versões dessa expressão em quase todos os idiomas.)

E a nossa amiga, a água-viva imortal? Não morre nunca?
Claro que morre! Pode parecer paradoxal, mas os organismos biologicamente imortais são, na realidade, mortais. Essas águas-vivas podem escapar de morrer "de velhas", mas não de outros perigos fatais como predadores, doenças ou uma mudança catastrófica no ambiente. Assim como nós, a nossa amiga pode morrer a qualquer momento. Minha nossa!

Mas será que uma vida de oitenta ou noventa anos é muito curta? Tudo depende de com quem nos comparamos. Existem animais e plantas que morrem pouco tempo depois de nascer e outros que morrem depois de uma vida muito muito muito comprida. Um ser humano tem uma vida longuíssima se a comparamos, por exemplo, com a vida das efeméridas, que morrem mais ou menos 24 horas depois de terem deixado para trás o estágio de larva. As formigas machos não costumam viver mais do que três semanas. As moscas têm apenas de quinze a trinta dias para fazer tudo o que querem fazer na vida. Se tudo der certo, um rato-do-campo vive um ano e meio. O lobo selvagem aguenta mais, uns nove anos, mas não tanto quanto cães e gatos domésticos, que vivem muito protegidos e podem chegar a dezessete anos de vida. E um elefante africano? Pode viver uns setenta anos, quase tanto quanto um ser humano.

Claro que setenta anos não impressionam tanto assim se comparamos com os 183 anos que uma tartaruga-gigante-de-Aldabra pode viver, os duzentos de uma baleia-boreal, os trezentos que os tubarões-da--Groenlândia resistem ou os quinhentos a que pode chegar um molusco bivalve islandês. E esses quinhentos anos — cinco séculos! — são curtíssimos se comparados com os 3 mil anos que a *yareta*, uma planta dos Andes, pode viver; os 5 mil anos de uma *Pinus longaeva*; ou até os sete milênios que se estima que tem o Jōmon Sugi, uma conífera do Japão. Isso sim que é vida!

QUANDO VOU MORRER?

Talvez você se interesse em ler também as perguntas 8 e 35.

8. Existe uma idade-limite?

Maily

Querida Maily,

Enquanto escrevemos esta carta, a pessoa viva mais velha do mundo é a japonesa Tomiko Itooka, com 116 anos. Impressionante, não? A francesa Jeanne Calment (morta em 1997 e possivelmente a pessoa mais longeva de todos os tempos) viveu nada menos do que 122 anos e 164 dias. Já imaginou comemorar o seu aniversário número 122?

Pensando sobre a sua pergunta, se é possível viver 122 anos, seria possível viver 123? Ou 124? Quem sabe 150? Duzentos? Quinhentos? Mil? Não, mil não. Nem quinhentos. Nem mesmo duzentos. Embora não exista um consenso sobre o número exato, poucos cientistas acreditam que os seres humanos possam viver mais de 150 anos (e muitos outros acham que os 122 de Jeanne Calment se aproximam do máximo possível).

Mas o que faz com que o limite máximo seja 150 anos e não duzentos, por exemplo? Parte disso tem a ver com as nossas células, que, ao longo da vida, morrem e se regeneram constantemente. Morrem em uma taxa de milhares por segundo (por segundo!), e vão sendo substituídas através do esperto truque da divisão celular. Ao se dividirem, dão origem a novas células. Nada mal! Porém, esse "truque" também tem um truque: só pode ser utilizado determinado número de vezes. Depois de atingir esse limite, as células começam a funcionar mal. Além desse defeito de fábrica, elas também podem começar a bugar por outros motivos. Quando somos jovens e estamos saudáveis, o nosso corpo consegue reparar as células continuamente, mas a cada novo aniversário ou por conta de algumas doenças, as células têm mais trabalho e levam mais tempo para completar essa renovação. Ao chegar aos 120 anos, fica muito difícil para o nosso corpo repará-las. E então nós, seres humanos, feitos de células, morremos. Aí está o limite.

Uma pergunta
Na sua opinião, qual seria a idade-limite perfeita? Por quê?

Talvez você se interesse em ler também as perguntas 7, 9, 35 e 37.

9. Por que temos de morrer?

Fazeel

O QUE ACONTECERIA
SE NINGUÉM
NUNCA MORRESSE?

Querido Fazeel,

A sua pergunta pode ser considerada uma curiosidade científica (por que morremos?). Se é nisso que você está interessado, não se esqueça de ler a pergunta anterior, a da Maily ("Existe uma idade-limite?"), que tem tudo a ver com a sua.

Mas por aqui interpretamos a sua pergunta como um lamento. Faz sentido? Ai! Por que temos de morrer? É mesmo imprescindível morrermos? Absolutamente imprescindível? Como é difícil conviver com a ideia de que vamos morrer um dia!

Por que não fazemos o seguinte: vamos tentar imaginar o contrário. Vida eterna para todas e todos! Bora!

Levando a brincadeira a sério: vamos tentar imaginar esse mundo de vida eterna em detalhes. Se não morrêssemos, envelheceríamos? Para sempre? Sendo assim, qual seria a nossa aparência e que qualidade de vida teríamos aos 350 anos? Ou aos mil? Ou pararíamos de envelhecer? Com qual idade? Já que estamos brincando, se o envelhecimento parasse em uma idade específica, qual seria a idade perfeita para permanecer nela para sempre?

Outra pergunta...
... que recebemos para este livro é parecida, mas faz pensar em respostas um pouquinho diferentes: "É importante morrer?".

Espere! Se ninguém nunca morresse, um bebê conviveria com pessoas de milhares de anos. Já imaginou morar com a sua tataratataravó? Quais os aspectos positivos dessa convivência entre pessoas do passado e do presente? E quais os negativos? O que faríamos por toda a eternidade? Você acha que algum dia ficaríamos entediados com a vida eterna? E o mais importante... caberíamos na Terra? Você tem alguma ideia de como resolver o problema de tão pouco espaço disponível para um tantão de gente? Se, em um estalar de dedos, você pudesse tornar real esse mundo de vida eterna que estamos imaginando, faria isso?

Consegue imaginar como a vida seria absolutamente diferente se não existisse morte? Ah, a vida se chamaria "vida" se não existisse morte?

Talvez você se interesse em ler também as perguntas 1, 8, 15 e 37.

10. Quem cuida dos filhos quando os pais morrem?

Sofía Eliana

Querida Sofia Eliana,

Quase todo mundo se pergunta isso em algum momento, às vezes por preocupação, às vezes por pura curiosidade. Como acontece com tantas outras perguntas, não existe uma única resposta. O que acontece se ficarmos órfãs ou órfãos depende de muitas coisas.

Por exemplo, nos casos de morte por doença, quando já se sabe que vai acontecer, é possível que dê tempo de pensar e planejar um pouco as coisas. Serão consideradas qual ou quais as melhores pessoas para se tornarem as novas tutoras ou tutores legais depois da morte.

Pode ser que dê até para conversar sobre isso com as filhas e os filhos. E com a pessoa ou as pessoas escolhidas para saber se elas concordam em assumir um papel tão importante. Se todo mundo estiver de acordo, fica registrado por escrito, em um testamento ou em uma escritura de nomeação de tutor, o nome dessa ou dessas pessoas como tutor legal.

Em casos assim, tudo fica mais fácil, porque os desejos de todas as pessoas envolvidas estão claros.

Por outro lado, se o falecimento acontece sem aviso prévio (por exemplo, em caso de acidente), pode ser que ninguém tenha conversado sobre o assunto ou registrado um documento.

O que os livros e os filmes nos contam?

Você já deve ter percebido que existem muitos livros e filmes com protagonistas que ficam órfãos ou órfãs. Se repararmos em quem cuida de alguns desses órfãos famosos do mundo da ficção, é normal nos sentirmos um tanto preocupados. Pensemos no Harry Potter, com aqueles tios pra lá de horríveis e aquele primo detestável. Ou na Cinderela, com uma madrasta e meias-irmãs tão vis e cruéis. Tem também os irmãos Baudelaire, de *Desventuras em série*, que pulam de parente em parente, um pior do que o outro; pelo menos vivem aventuras interessantes! Porém, também conhecemos a história da Píppi Meialonga, que gosta de viver sozinha e fazer o que dá na telha. Mas... será que é mais fácil ler sobre o assunto em um livro ou assistir a um filme do que de fato viver isso? Ainda bem que a ficção é isso, ficção.

Quando acontece isso, é comum que um familiar peça para ser o tutor ou tutora legal. Se vários familiares ou pessoas próximas quiserem ser tutores, a decisão é tomada levando-se em conta o que é melhor para as crianças.

A partir do momento em que o tutor ou tutores legais são nomeados, eles serão os responsáveis por cuidar, apoiar e dar amor à pessoa menor de idade até que ela atinja a maioridade (e muito além!).

Mesmo que não seja o mais comum, pode acontecer de não haver familiares nem pessoas próximas que possam se tornar tutores legais. Nesse caso, as pessoas menores de idade geralmente ficam em abrigos de acolhida ou em um lugar onde recebem cuidados enquanto não for possível nomear um tutor ou tutora legal ou até chegarem à maioridade.

E caso esteja se perguntando, não!, os animais de estimação não podem se tornar tutores legais. Mas essa é uma ideia fantástica para um livro ou um filme, você não acha?

OS DENTES!

Talvez você se interesse em ler também as perguntas 14 e 18.

43

O que existe depois da morte?

Hugo

Querido Hugo,

A sua pergunta joga luz naquele que é, muito provavelmente, o mistério mais misterioso de todos os mistérios da vida. E olha que essa nossa vida é muito misteriosa!

Os seres humanos têm se feito essa mesma pergunta desde o princípio dos tempos. O que será que existe depois da morte? O que será?

Dá para acreditar que, depois de milênios nos fazendo essa pergunta e de ensaiar mil e uma respostas, estamos tão longe de chegar a uma explicação definitiva como quando começamos a nos questionar sobre isso? Existem perguntas que são assim!

Mas o que a ciência diz? Se partirmos de um ponto de vista estritamente científico, não há indícios de que exista algo depois da morte, nem que exista algo além do nosso organismo biológico. Então, a resposta à sua pergunta, segundo as evidências disponíveis, seria: nada. Depois da morte, não existe nada.

Claro que os restos de qualquer organismo morto servem de nutrientes para outros seres vivos, o que permite dizer que, em certo sentido, a natureza "nos recicla". Então, outra resposta possível para a sua pergunta: reciclagem. Depois da morte, existe reciclagem.

Algumas pessoas acreditam que os seres humanos são só corpo (e que o nosso "eu" não pode viver se o nosso corpo não estiver vivo). Se você é uma dessas pessoas, é provável que "nada" ou "reciclagem" sejam respostas mais ou menos satisfatórias para a sua pergunta. Com a morte do nosso corpo, deixamos de existir. E fim de papo!

Mas até para essas pessoas é difícil imaginar esse "nada". Como questiona uma outra pergunta que recebemos para o livro: "Quando me pergunto 'o que existe depois da morte', a minha resposta é 'nada'. Mas logo depois me pergunto: 'e o que é o "nada"?'".

É tão difícil imaginar a morte como um final absoluto! Como é possível que, ao morrer, tudo que somos desapareça para sempre? Será que não existe uma parte nossa que não morre e que continua "vivendo" em outro mundo ou de alguma outra forma?

Ao longo da história, nós, seres humanos, procuramos respostas para a sua pergunta não só na ciência. É por isso que as religiões nasceram, para tentar dar resposta a perguntas como a sua.

Na maioria das religiões, cada uma com a sua particularidade, existe a crença de que, além do corpo, o ser humano tem uma alma. E que, quando o corpo morre e se decompõe, a alma de alguma forma continua, já que é imortal. Geralmente imaginamos essa parte imortal como algo etéreo, quase transparente, sem densidade nem forma. Algo que flutua e que pode voar até esse além onde estão as almas das pessoas que já morreram.

Essa crença na alma e na existência de um além (em uma vida depois da morte) é quase tão antiga quanto a sua pergunta. O que muda é a forma como cada religião pensa nisso. Mas essa já é outra história… (vire a página).

E você, o que acha?
Quando morremos, será que alguém no mundo dos mortos espera por nós para dar as boas-vindas ou será que se trata de uma ocasião mais solene? Será que reencarnaremos e viveremos outra vida? Será que ficaremos por aqui, na Terra, como espíritos ou fantasmas? Ou será que a única forma de continuar vivendo é nas lembranças das pessoas que nos conheceram?

Talvez você se interesse em ler também as perguntas 12 e 13.

12. Para onde vamos quando morremos?

Manuela

Querida Manuela,

A sua pergunta forma um par perfeito com a pergunta do Hugo (a número 11), e recomendamos que você leia antes a resposta que demos para ele. Se ainda não tiver lido, volte até a página 44, te esperamos aqui. Já leu? Então, vamos lá.

Se você não acredita que as almas existem e está convencida de que com a morte do nosso corpo tudo o que somos morre também, a resposta para a sua pergunta seria esta: quando morremos, não vamos para lugar algum. Da mesma forma que antes de nascer não existíamos, depois de morrer simplesmente deixamos de existir. Adeus, eu!

É claro que poderíamos responder focando no corpo. Para onde vai o corpo de uma pessoa quando ela morre? Do hospital para a funerária, e da funerária para o cemitério, por exemplo. Ou de casa para a funerária e da funerária para o crematório, para dar outro exemplo. Poderíamos falar do seguinte cenário: caso quem tenha falecido fosse doador de órgãos, algumas partes do seu corpo (um dos rins ou o coração, por exemplo) poderiam "ir" para outros corpos e continuar vivendo neles.

Mas se você acredita que temos uma alma ou "algo mais" que sobrevive à morte, não vai ser do seu interesse que a gente continue falando sobre corpos e menos ainda sobre órgãos. Se pensamos na possibilidade de existir vida depois da morte, o que interessa mesmo é poder imaginar em detalhes: onde é? Como é? Será que vou gostar? Nessa vida, vou encontrar os meus familiares falecidos? Vou poder falar com eles normalmente, como quando estávamos vivos na Terra?

Além da sua pergunta e da do Hugo, recebemos outras perguntas para este livro com a mesma curiosidade. Algumas expressaram preocupação: "Como saber se vamos ficar bem quando morrermos?". Outras eram questões de lógica: "Comemoramos aniversário quando estamos mortos?". E se comemorarmos aniversário, qual data celebramos, o dia do nosso nascimento ou o dia da nossa morte? E outras eram questões de ordem prática: "O que vou fazer quando estiver morta?", "Quando morremos, continuamos indo para a escola? (Mesmo que ninguém nos veja)".

E se não formos para lugar algum e ficarmos vagando pela Terra como fantasmas ou espíritos? Argh! Já pensou se a vida depois da morte for tediosa?

Nada disso! Graças às diferentes religiões, a vida depois da morte imaginada pelos seres humanos pode ser tudo, menos tediosa. Existem histórias sobre trevas e paraísos para onde as almas vão quando o corpo morre. Céus luminosos aos quais se chega caminhando por pontes suspensas ou atravessando pomares carregados de frutas, com rios de leite e mel e palácios de ouro. Infernos aterrorizantes com poços de almas, calabouços, rios de fogo, planícies secas e escuras ou labirintos de masmorras. E também lugares no meio do caminho entre a treva e o paraíso: purgatórios, limbos, espaços indeterminados ou campos infinitos para percorrer por toda a eternidade. Lugares habitados por deuses, arcanjos, valquírias (mensageiras da mitologia nórdica), demônios, cérberos (cães de três cabeças) ou outras criaturas sobrenaturais.

Em algumas religiões, como o cristianismo ou o islamismo, o que determina para onde a alma vai depois da morte é como a pessoa vive. Se a pessoa tiver levado a vida de modo condizente com os padrões da religião, o paraíso estará à sua espera. Mas, se tiver descumprido algum dos seus preceitos, ou vivido como alguém sem crença, lugares lúgubres, sombrios e horrorosos estariam à sua espera.

Já os astecas e os vikings acreditavam que o lugar para onde a alma iria depois da morte não era determinado pelo modo de vida, mas pela forma e pelas circunstâncias da morte. Por exemplo, caso a pessoa morresse durante uma batalha ou fosse sacrificada, iria para um lugar diferente do que se morresse por causa de um raio, de um afogamento ou de velhice.

E a reencarnação? Nesse caso, a vida depois da morte seria um ciclo contínuo de morte e renascimento. Parece divertido, né? Eu quero ser um gato! E eu, uma girafa! Calma, vamos segurar um pouquinho a emoção. Não funciona exatamente assim. Os hindus, por exemplo, acreditam que existem almas, mas não que elas se lembrem das suas existências passadas. Então seria um ciclo de morte e renascimento em novos corpos ou novas formas, mas sem ter consciência disso. Já não parece tão divertido assim, né?

E quem é que sabe? Como ninguém que morreu voltou para contar a história, é impossível responder com certeza à sua pergunta. Porém, se você tivesse que imaginar o além em detalhes, como seria? Para chegar até lá, usaria escadas rolantes, buracos no chão ou pontes suspensas? Como seria o ambiente? Habitado por seres sobrenaturais ou um lugar mais familiar, onde jogaríamos cartas, leríamos livros e riríamos de piadas sem graça?

Talvez você se interesse em ler também as perguntas 11, 13 e 25.

13. Antes de nascer, onde eu estava? Estava morta?

Maya

Querida Maya,

As suas duas perguntas abrem uma perspectiva muito interessante!

Costumamos nos perguntar o que virá depois da vida (ou da morte), mas por que será que não nos preocupamos tanto com o que veio antes? Se é possível que exista vida depois da morte, seria possível que existisse também outra vida antes da vida? Você consegue imaginar uma imortalidade indo em ambas as direções: para a frente e para trás? Sempre existimos e sempre existiremos? Oh!

Mas vamos por partes. Podemos responder à sua primeira pergunta dizendo que antes de nascer você estava em uma barriga, bastante ocupada em crescer. Mas e antes de estar nessa barriga? Antes de ter o seu corpo, estava em algum outro lugar? Era alguma coisa antes de existir em um corpo? E se não tinha corpo, o que você era?

Poderíamos imaginar uma espécie de paraíso anterior à existência corpórea, onde as almas vagariam esperando para adentrar um corpo e nascer. Não seríamos as primeiras pessoas a imaginar algo assim! Você gosta da ideia?

A sua segunda pergunta, sobre se você estava morta antes de nascer, sugere quase o oposto: uma mortalidade que vai para a frente e para trás. Aqui podemos imaginar um mundo de mortos à espera de um chamado para a vida. À vida!

E nos permite imaginar um ciclo de morte e vida, vida e morte, morte e vida... e assim por diante, sem parar, para sempre. Essas cegonhas e esses abutres teriam um emprego eterno!

Claro que também poderíamos responder às suas duas perguntas da seguinte maneira: antes de estar na barriga, você não era nada! Não existia! E como imaginar isso? Bom, você tem razão, Maya: não é nada fácil!

Talvez você se interesse em ler também as perguntas 11 e 12.

E se perguntarmos a mesma coisa, só que em relação ao seu último bolo de aniversário?

Antes de ser feito, onde estava o bolo?

14. É possível saber se os nossos avós mortos têm sentimentos?

Mireia

Querida Mireia,

Quando morre um ente querido, como um avô ou uma avó, pode ser muito difícil entender e aceitar que alguém que tanto amamos, com quem compartilhamos tantos momentos da nossa vida, desapareceu para sempre. Podemos sentir um misto de tristeza, indignação e incredulidade. Como assim, para sempre?!

Imediatamente surgem muitas outras perguntas: será que a pessoa não está em algum lugar por aqui? Para onde será que foi? O que será que está fazendo? Ela vai se divertir, comer, pensar, conversar, ter os mesmos sentimentos que tinha quando estava viva? Ela vai me ver e me ouvir?

Será que gostaríamos que as nossas avós ou os nossos avôs mortos tivessem sentimentos a respeito de tudo que fazemos ou dizemos? Essa é uma pergunta muito difícil! Algumas pessoas gostam da ideia de que eles podem nos ver e se orgulhar das nossas façanhas. Para outras, a ideia é um pouco assustadora. Eles ficariam nos vigiando o tempo TODO?

"Vigiando não, acompanhando!", dizem os apoiadores dos avós mortos com sentimentos. "O.k., se eles podem ficar orgulhosos, será que também podem ficar desapontados?", perguntam os detratores. "Que pressão! Nem um momento de privacidade!"

Talvez seja mais bonito imaginar que eles podem nos acompanhar, mas só quando pedirmos. Poderíamos convidá-los para assistir a um filme, por exemplo. Se tivesse que escolher o melhor filme para fazer brotar sentimentos em pessoas vivas e mortas, qual você escolheria? O mais triste? Aquele com o final mais feliz? O mais revoltante? Ou o mais engraçado?

Se pudéssemos falar com os nossos avós mortos, o que diríamos a eles, enquanto comemos mais um punhadinho de pipoca?

O vovô vai comer pipoca?
Ou está só brincando?

Talvez você se interesse em ler também as perguntas 10, 18 e 38.

15. Um dia todos nós seremos extintos?

Laura

Querida Laura,

Vamos direto ao ponto: sim. Um dia, a espécie humana entrará em extinção. Os cientistas estimam que a maioria das espécies animais e vegetais que já existiram na Terra está extinta. E não há razões para pensar que as espécies que vivem agora na Terra não vão seguir o mesmo caminho.

O surgimento e o desaparecimento de espécies fazem parte da vida na Terra, e a extinção é a regra, não a exceção. Embora todas as espécies possam se extinguir, é fato que existem algumas que duram (muito) mais do que outras. Muitas espécies de águas-vivas, por exemplo, pululam pelos mares há centenas de milhões de anos. E se nós fôssemos uma espécie espetacularmente longeva, como as nossas queridas águas-vivas?

Vamos direto ao ponto mais uma vez: não. Como somos uma espécie mamífera, não seria realista aspirar a tanta longevidade. Os estudos de paleontologia indicam que a duração média de espécies mamíferas na Terra é de aproximadamente 1 milhão de anos. Mas temos uma boa notícia. Sabe há quanto tempo os *Homo sapiens* estão por aqui? Entre 200 mil e 300 mil anos. Então somos uma espécie mamífera bem jovenzinha. Se a nossa for a longevidade média, nos restam aproximadamente 700 mil anos até a extinção. Isso quer dizer que nem na nossa vida, Laura, nem na vida das próximas milhares de gerações dos nossos descendentes, veríamos a extinção total da humanidade.

Mas essa longevidade média das espécies mamíferas, à qual acabamos de recorrer para respirar um pouquinho aliviadas, poderia ser afetada por circunstâncias excepcionais, mais ou menos imprevisíveis.

Será que o impacto de um asteroide, como aquele que culminou no desaparecimento de três quartos de todas as espécies animais e vegetais da Terra, entre elas os dinossauros, há 66 milhões de anos, poderia provocar a nossa extinção? Ou a eclosão de uma guerra nuclear devastadora? A propagação implacável de uma pandemia mortífera? Ou os efeitos menos explosivos mas igualmente inexoráveis das mudanças climáticas?

Quem sabe? Nós, seres humanos, somos uma espécie muito particular. Sim, somos mais vulneráveis do que as águas-vivas, como é o caso de qualquer animal de grande porte que tem necessidade de comer muito e com frequência e que, portanto, seria bastante impactado por qualquer interrupção na cadeia alimentar. Mas também é verdade que comemos de tudo, o que nos dá alguma vantagem de sobrevivência em relação a espécies com uma dieta mais restrita.

Por outro lado, como muitos outros animais de grande porte, nos reproduzimos pouco e lentamente, então levaria bastante tempo para repovoar a Terra caso muitas mortes ocorressem. Porém, ao mesmo tempo, estamos em todos os lugares e somos numerosos. Até mesmo se uma pandemia ou uma guerra nuclear eliminasse 99% da população, ainda existiriam 8 milhões de humanos, mais do que o suficiente para dar continuidade à espécie.

Além disso, também temos formas de adaptação que não estão disponíveis para outras espécies: desenvolvemos tecnologias para lutar contra condições adversas, inventamos ferramentas, costumes e hábitos para sobreviver melhor. Podemos moldar o meio ambiente para ajustá-lo às nossas necessidades. Se somos tão adaptáveis, será que conseguiríamos sobreviver a uma extinção em massa?

Mas e se formos mais inteligentes do que é bom para nós? Até agora, as cinco grandes extinções que ocorreram na Terra tiveram origem natural. E se a próxima grande extinção estiver sendo provocada por uma das espécies que habita o planeta, chamada *Homo sapiens*? Ao longo dos últimos séculos, muitas das mudanças promovidas com o objetivo de pôr um ponto-final em guerras, produzir mais alimentos, facilitar a nossa vida ou melhorar o nosso bem-estar geraram novos perigos: armas nucleares, superpopulação, pandemias ou mudanças climáticas.

Até agora, fomos capazes de escapar ou de atrasar a chegada de alguns desses problemas com tratados antinucleares, contraceptivos, vacinas ou aproveitamento da energia solar. Mas até quando? E como as nossas ações impactam as outras espécies que habitam a Terra? Desde a chegada da dita civilização humana, muitas das extinções de espécies que ocorreram e seguem ocorrendo, em um ritmo vertiginoso, foram consequência direta da atividade humana.

Seremos capazes, com as nossas ações, de conduzir a nossa espécie, e quase todas as demais, à extinção?

Aqui vai uma pergunta difícil, Laura. E se a única possibilidade de o planeta sobreviver for o desaparecimento da espécie humana? Não estamos dizendo que é o caso, mas e se fosse? Você consegue imaginar como seria a Terra se a espécie humana se extinguisse? Haveria vantagens para o planeta se fôssemos extintos? Ou alguma desvantagem? Em que sentido a Terra perderia valor se perdesse os seres humanos?

Imagine só se nenhuma espécie nunca tivesse sido extinta?
Qual seria o livro perfeito para ler para um tigre-dentes-de-sabre?

Talvez você se interesse em ler também as perguntas 9 e 32.

16. Por que há pessoas que se suicidam?

Laura

Querida Laura,

Os suicídios são um tema *tabu*: uma questão difícil que muitas vezes é escondida ou encoberta e sobre a qual se evita falar. E mesmo que seja incômoda, é uma conversa muito importante. Temos de quebrar esse tabu.

A primeira coisa a fazer em relação a um tabu, se quisermos quebrá-lo, é nomeá-lo, como você fez ao usar o verbo *suicidar-se* na sua pergunta "Por que há pessoas que se suicidam?".

A segunda coisa a fazer em relação a um tabu é definir a palavra para saber exatamente do que estamos falando: o suicídio é o ato por meio do qual uma pessoa causa intencionalmente a própria morte. Em poucas palavras: suicidar-se é tirar a própria vida.

Neste livro, fizemos uma terceira coisa em relação a esse tabu: ilustrá-lo. O vampiro da imagem está a ponto de se suicidar, ele se deixa iluminar pelos raios de sol, depois de ter vivido mais de mil anos. Por quê? Podemos até tentar imaginar os motivos. Mas a vida real não é uma ilustração nem os seres humanos são vampiros.

Na vida real, algumas pessoas sentem uma dor tão insuportável no corpo ou na mente que chegam a pensar que não há nada nem ninguém que possa ajudá-las. Às vezes sentem ser impossível suportar o sofrimento que estão vivendo, e isso pode fazê-las acreditar que a única maneira de escapar da dor é tirando a própria vida.

Como se pode ver, quando se trata de seres humanos, ao contrário de quando imaginamos vampiros, as respostas e explicações não nos satisfazem da mesma forma. Talvez você continue se perguntando: o.k., o.k., mas por quê?

As razões que levam alguém a tirar a própria vida sempre são complexas. Cada pessoa tem motivos e contextos diferentes, então não é possível apontar uma única razão como resposta para a sua pergunta. O suicídio é um dos fenômenos humanos mais duros e difíceis de compreender.

Quando alguém próximo se suicida, além de incompreensão e imensa tristeza, também podemos sentir culpa ou muita raiva. Todos esses sentimentos são absolutamente normais e costumam vir acompanhados de perguntas sobre o que aconteceu, algumas muito difíceis. Eu poderia ter feito alguma coisa? Por que a pessoa não buscou ajuda? Por que isso teve de acontecer comigo (perder o meu ente querido dessa maneira)?

Compartilhar essas perguntas, mesmo que a gente não tenha as respostas, é importante. Se as guardamos para nós, ou as escondemos no fundo da gaveta, elas podem se tornar muito dolorosas. De todo modo, uma dessas perguntas tem sim uma resposta: o suicídio nunca é "culpa" de ninguém; nem da pessoa que se suicida nem dos seus entes queridos.

E o que podemos fazer? Falar sobre suicídios e torná-los visíveis, ou seja, quebrar o tabu, pode ajudar pessoas que perderam alguém nessas circunstâncias a se sentirem menos sozinhas.

E pode principalmente ajudar pessoas que têm ou tiveram pensamentos suicidas a não sentirem que devem mantê-los em segredo, e sim compartilhá-los para conseguir lidar com isso e superá-los.

Existem perguntas que nos acompanham pela vida toda. São perguntas que servem para que os seres humanos tentem entender melhor a si mesmos. A sua, Laura, é uma delas. Obrigada por nos abrir essa porta para escrever e provocar conversas sobre esse tema entre as leitoras e os leitores deste livro.

Se um dia...

... você sentir desesperança ou tiver ideações suicidas, ou conhecer alguém que tenha, é importante lembrar que pode falar sobre o assunto e procurar ajuda. No Brasil, é possível recorrer, por exemplo, ao CVV (Centro de Valorização à Vida), um serviço voluntário de apoio emocional e prevenção do suicídio que oferece atendimento gratuito, e sob total sigilo, pelo telefone 188, chat ou e-mail. Às vezes, o apoio também pode vir de quem menos se espera, ou em situações que nunca imaginávamos. É importante saber que pedir ajuda é sempre uma alternativa, mesmo para aqueles problemas que parecem sem solução.

Talvez você se interesse em ler também a pergunta 31.

17. Por que os mortos são enterrados?

Àngel

Querido Àngel,

Perguntar por que nós, humanos, fazemos o que costumamos fazer é sempre fascinante.

Por que será que os nossos antepassados começaram a enterrar os mortos, há pelo menos 100 mil anos? Qual é a função de enterrar os corpos?

Se tiver alguém por perto (uma mãe, um avô, uma prima ou um amigo), convide a pessoa para pensar sobre isso com você. Em quais razões conseguem pensar?

Agora continue lendo e veja se você identifica algumas das ideias nas quais pensou (iei!) ou se você se depara com alguma ideia surpreendente que ainda não tinha passado pela sua cabeça (uou!).

Enterrar uma coisa é uma forma de escondê-la. Nesse caso, os corpos são enterrados para que fiquem fora do campo de visão, assim ninguém precisa testemunhar a decomposição de um ente querido. Também são enterrados por conta do olfato, para evitar que o odor da decomposição inunde o ambiente.

Pensando nos primórdios da prática de enterrar os mortos, também era uma forma de escondê-los dos animais que, atraídos pelo cheiro, poderiam se aproximar dos restos mortais à procura de alimento. Isso pode ter tido importância em respeito ao corpo da pessoa falecida, mas também porque esses mesmos animais poderiam ser perigosos para os demais humanos do grupo (os que continuavam vivinhos da silva).

Enterrar os corpos é também uma forma de armazená-los ou retirá-los dos espaços onde a vida acontece. Quem quer conviver com cadáveres? É uma questão de espaço: não há lugar para todo mundo.

Para além da questão do espaço, existiram outros motivos para querer manter os mortos separados dos vivos. Agora se sabe que os corpos dos vivos são, em geral, muito mais perigosos do que os corpos dos mortos (porque podem transmitir muito mais doenças). Mas, ao longo da história, diferentes povos e culturas consideravam que os cadáveres em decomposição podiam emitir gases infecciosos capazes de transmitir doenças. O que seria melhor para evitar o suposto perigo de contágio do que enterrar os corpos?

Por outro lado, a ideia de que um morto poderia de alguma forma voltar, aparecer diante dos vivos (uuuuuuuuh!) e causar algum tipo de dano fez parte de muitas crenças religiosas. Então, melhor enterrados; melhor enterrados!

Os sepultamentos humanos mais antigos de que se tem notícia nos oferecem mais pistas. Os arqueólogos que estudaram com muita atenção esses sepultamentos consideram que a forma como os corpos eram dispostos, os lugares escolhidos para enterrá-los e os objetos encontrados junto aos esqueletos poderiam indicar que os mortos foram enterrados de maneira intencional e com muito cuidado, o que poderia estar relacionado com algum tipo de crença na vida depois da morte.

E se eu não gostar da ideia de enterrarem meu corpo?
Existem alternativas. A mais comum é a incineração ou cremação, que em muitos países é o método preferido de lidar com os corpos. Consiste em introduzir o corpo em um forno crematório, no qual os restos mortais são submetidos a temperaturas altíssimas e a processos de vaporização e pressão até virarem cinzas. Uma vez com as cinzas, algumas pessoas optam por espalhá-las nos lugares favoritos da pessoa falecida, porém o mais comum é... enterrá-las!

Algumas mitologias e religiões consideravam a existência de um *submundo*: um além, ou uma zona de trânsito para o além, que se localiza debaixo da terra (como o Irkalla da mitologia mesopotâmica; o Duat, da mitologia egípcia; o Hades, da mitologia grega, ou o Xibalbá, da mitologia maia). De certa forma, enterrar os mortos debaixo da terra era também uma forma de facilitar o caminho para o submundo.

Por último, temos que mencionar uma das razões mais ligadas à atualidade. Enterrar os mortos é uma maneira de oferecer aos amigos e familiares da pessoa falecida um local onde possam expressar o luto, levando flores ou outras oferendas e relembrando quem partiu. Para facilitar a localização dos túmulos, eles têm lápides, nas quais constam os dados da pessoa falecida.

Como você pode ver, Àngel, existem inúmeras razões possíveis para enterrar os mortos. Você pensou em mais alguma?

Talvez você se interesse em ler também as perguntas 2, 20 e 21.

18. Se alguém que amamos morre, quanto tempo ficamos tristes?

Lorena

Querida Lorena,

Mesmo sabendo o exato momento em que as lágrimas da página ao lado começaram a cair, não dá para ter certeza se vão deixar de cair a tempo de evitar que a banheira transborde. Splash!

O luto pela morte de um ente querido não tem uma duração estabelecida. Depende de tantas coisas! Depende da nossa relação com a pessoa falecida: ela fazia parte da nossa vida cotidiana ou só nos encontrávamos de vez em quando? Depende da fase da vida em que ela morre: morreu jovem ou velha, depois de ter aproveitado a vida? E depende de como foi a morte: anunciada ou imprevista? Em circunstâncias tranquilas ou dramáticas?

Depende também da nossa idade quando a pessoa morre: a nossa tristeza não se expressa da mesma forma nem dura o mesmo tanto aos dois anos de idade, aos quatro ou cinco, aos doze ou aos oitenta.

E depende também da nossa personalidade e das ferramentas que temos para expressar a nossa dor em palavras, a nossa capacidade de conversar e compartilhar os nossos sentimentos com outros seres humanos ou com crocodilos empáticos. Cada pessoa vive e expressa a dor pela perda de um ente querido à sua maneira.

O que costuma acontecer é que a tristeza arrebatadora que pode nos acometer imediatamente depois da morte de alguém próximo aos poucos vai ser tornando menos intensa, menos profunda e menos constante. Isso se deve à passagem do tempo e, principalmente, à aceitação progressiva da perda da pessoa querida, e vamos aprendendo a viver sem ela. Então a tristeza, ainda que não desapareça completamente, deixa de ser protagonista, e podemos viver e aproveitar a vida, sempre relembrando o ente querido que perdemos.

Existe estar triste "tempo demais"?
Se tiver passado mais de um ano da morte de uma pessoa querida e a tristeza ainda for tão intensa quanto no começo, e a capacidade de seguir com a vida cotidiana não melhorar aos poucos, costuma-se recomendar atendimento terapêutico.

Talvez você se interesse em ler também as perguntas 10, 14 e 38.

19. Morrer é má sorte?

Jóhann

Querido Jóhann,

É verdade que às vezes a morte parece um jogo de azar. Veja o exemplo do austríaco Hans Steininger, mais famoso por como morreu do que por ter sido prefeito da sua cidade. Hans tinha uma barba de mais de um metro e meio de comprimento (sim, é isso mesmo que você leu), que ele costumava manter enrolada dentro do bolso. Uma noite, em 1567, enquanto estava fugindo de um incêndio incontrolável, tropeçou na barba desenrolada, caiu na escada e quebrou o pescoço. Ai! Isso sim é que é má sorte!

E o que dizer da morte do dono de uma das mais famosas agências de detetive, a Allan Pinkerton? Depois de ter lidado, ao longo da vida, com todo tipo de bandidos e encrenqueiros, ele morreu em 1º de julho de 1884, dias depois de tropeçar na guia do poodle da esposa. Quando caiu, Allan mordeu a língua com tanta força (e tanta má sorte) que seus dentes, que estavam em péssimo estado, contaminaram a ferida, provocando assim sua morte. Você consegue pensar em uma morte mais absurda para um detetive?

Mas uma morte não precisa ser tão absurda para parecer má sorte. Quando a morte chega sem aviso prévio, seja por acidente ou desastre natural, por exemplo, pode parecer má sorte. Ou quando alguém muito jovem morre. Até mesmo quando alguém muito importante na nossa vida morre por causas naturais em uma idade avançada, pode nos parecer má sorte.

Mas a morte propriamente dita não pode ser considerada má sorte. Se todas as pessoas morrem, qual é o sentido de dizer que é má sorte? Ou nada mais é do que uma forma de dizer que a morte pode ser muito dolorosa para nós?

Três ditos populares que dão o que pensar
Mais vale má sorte que morte.
Boa morte é boa sorte.
Da morte e do azar não há como escapar.

Talvez você se interesse em ler também as perguntas 6 e 25.

20. Por que vestem os mortos de branco na Índia e no Paquistão?

Afiya

Querida Afiya,

Acredita que, junto com a sua pergunta, encontramos outra enviada pelo Hugo? "Por que a cor preta é associada à morte?" Perguntas feitas uma para a outra! É curioso que para algumas pessoas a cor da morte e do luto seja o branco e para outras seja o preto, né?!

Quando alguém morre, amigos e familiares fazem cerimônias, festas ou rituais para "dizer o último adeus" de forma coletiva. O corpo do defunto é lavado e vestido, reuniões ou velórios são realizados em casa ou na funerária, oferendas são levadas à sepultura e vários tipos de cerimônias religiosas ou laicas são celebradas. Tudo isso faz parte dos ritos fúnebres que existem em todas as comunidades humanas e ajudam a expressar e a partilhar o luto (a dor pela perda de um ente querido).

Cada lugar do mundo, cada cultura, cada religião (e às vezes cada família) tem os seus próprios rituais, e uma das diferenças mais interessantes é bem a que você e o Hugo indicaram nas perguntas que fizeram: as cores.

Como você bem observou, Afiya, o branco é usado na Índia e no Paquistão, e também em muitas outras regiões do continente asiático. No caso da Índia, que é um país majoritariamente hindu, não só os defuntos são vestidos de branco. Segundo a tradição, as pessoas que comparecem ao funeral também usam essa cor. O branco é associado à palidez da morte e simboliza a pureza, a luz e a esperança de uma morte que muitas vezes é considerada o princípio de outra vida. No Paquistão, de maioria muçulmana, os cadáveres são envoltos em um sudário ou mortalha de cor branca. As pessoas que participam do funeral, por sua vez, podem usar outras cores, de preferência sóbrias, é verdade. O principal é evitar joias e acessórios, vestindo-se da maneira mais simples possível.

Em muitos outros países, a cor associada ao luto e à morte é o preto, como bem disse o Hugo. Quem comparece aos enterros e funerais costuma se vestir de preto ou de cores escuras como demonstração de respeito à pessoa falecida e aos seus amigos e familiares. Em alguns países, como a Espanha ou a Itália, até relativamente pouco tempo atrás a tradição era que viúvas e viúvos "guardassem o luto". Por um período depois da morte do esposo ou da esposa, vestiam-se de preto em sinal de luto (há quem continue com a prática). E por que o preto? O preto, que é ausência de luz, através do qual não se enxerga nada, está relacionado à escuridão, ao desconhecido, à dor e ao mistério da morte.

Ainda que o costume de usar a cor preta para marcar o luto remonte à Roma Antiga, as cores associadas ao luto e à morte foram mudando ao longo dos séculos, nem sempre por motivos religiosos. A economia e a moda também tiveram muito a ver com isso. Na Europa medieval, por exemplo, a principal cor do luto era o branco. Além do simbolismo da cor, o fato é que o tecido branco era mais barato (já que não precisava ser tingido) e era mais comum que as pessoas tivessem à mão peças brancas para usar. Em determinado momento, as pessoas mais abastadas começaram a comparecer aos funerais primeiro vestidas de roxo, depois de preto, para mostrar que podiam comprar tecidos tingidos com pigmentos caros. É assim que as tendências começam!

E será que não existem outras cores associadas à morte? Um monte! Em um funeral do povo axânti, em Gana, os familiares da pessoa falecida costumam usar vermelho e preto, cores que para eles simbolizam a morte e a tristeza. Os demais podem usar preto ou branco, ou as duas cores ao mesmo tempo. O branco costuma ser usado quando se trata da morte de uma pessoa idosa, indicando a celebração de uma vida longa e admirável.

Quando o assunto é morte e cor, vamos ao México! Os altares preparados pelos vivos para honrar os seus mortos são povoados de cores vivas. O laranja, o roxo e o preto são predominantes, mas o branco, o rosa, o azul, o verde e o vermelho também marcam presença. E por que tantas cores? Cada uma delas tem a sua própria carga simbólica. O laranja, por exemplo, é a cor do luto na mitologia asteca e é a única cor que os defuntos podem ver no seu caminho de volta ao mundo dos vivos; o roxo representa o luto católico; e o rosa simboliza a alegria dos vivos em se reunirem com os mortos. Para além do simbolismo de cada cor, se compararmos essa explosão festiva com a sobriedade e a solenidade do preto e do branco, será que não existe uma mensagem interessante sobre as diferentes posturas diante da morte e dos mortos?

Com que outras cores você acha que poderíamos vestir os mortos?

Talvez você se interesse em ler também as perguntas 17 e 22.

21. A morte tem uma forma física?

Amanda

Querida Amanda,

Se o que você quer saber é se a morte pode aparecer diante de nós em qualquer esquina e dar oi, pode ficar despreocupada. A morte não tem nenhuma forma física. Trata-se de um processo ou um estado, não tem materialidade alguma! Mas não deixa de ser curioso o tanto que ao longo da história nós, os seres humanos, nos empenhamos em imaginar uma forma física para a morte, e muitas vezes essa forma tem semelhanças com a figura humana. Será que precisamos personificá-la para ver se assim conseguimos entendê-la?

Ao ler a sua pergunta, nos vieram à cabeça imagens de todo tipo de esqueletos, caveiras, parcas, anjos e silhuetas delgadas em trajes escuros. Nos lembramos de histórias, lendas, pinturas, livros, filmes e jogos de video game nos quais a morte aparece com diferentes aspectos físicos.

A morte já estava representada em jarros, papiros, mosaicos, manuscritos, tumbas e construções de muitas civilizações e povos antigos. E sempre foi representada na arte, na cultura popular e no folclore das mais distintas maneiras, com todo tipo de vestimenta e com aparências diversas, dependendo das crenças e dos costumes.

Na Roma Antiga, o destino (e, portanto, a morte) era representado pelas *parcas*: três jovens irmãs fiandeiras, encarregadas de fiar e cortar os fios da vida dos humanos. Com o cristianismo, foram convertidas na figura de uma parca que, a partir do século XV, passou a ser representada como um esqueleto envolto em uma capa preta, com a foice na mão, pronta para ceifar a vida de alguém.

As representações da morte costumam ser tétricas. Aparecem em meio à escuridão e em momentos de caos (como batalhas ou epidemias), quase sempre com uma aparência aterradora ou ao menos amedrontadora. Além da figura da parca, conhecida também como Dona Morte, a morte pode assumir a forma de um esqueleto com cabeça giratória posicionado no alto de uma carroça cheia de cadáveres puxada por cavalos pálidos, caso do *ankou* ou *ankú* dos antigos celtas. Ou pode parecer com a *giltine* das antigas lendas bálticas, uma mulher velha e feia, com um longo nariz azul e uma língua mortalmente venenosa. E o que você acha do *dullahan* do folclore irlandês? Um cavaleiro que cavalga com a própria cabeça embaixo do braço, brrrr!

Mas também existem representações mais amáveis, como o Pai Tempo, um ancião barbudo, às vezes com asas, que carrega algum tipo de relógio além de uma foice. Às vezes ele faz companhia à parca, mas é menos ameaçador e mais abraçável, como se o seu papel fosse nos sussurrar um lembrete gentil de que o tempo (e a vida) passa.

Se você tivesse que escalar o elenco da personagem da morte para uma peça de teatro, qual das quatro representações das páginas 76 e 77 escolheria? Ou será que você preferiria imaginar outra aparência para a morte, com vestuário e tudo? E como seria?

Uma das representações...

... menos aterradora e mais amável da morte é a que aparece no livro *O pato, a morte e a tulipa*, de Wolf Erlbruch. Procure o livro, veja o que acha!

Talvez você se interesse em ler também a pergunta 28.

22. Como as lápides são feitas?

Sira

Querida Sira,

Finalmente uma pergunta fácil de responder! Ufa!

No geral, as lápides são feitas de pedra. A palavra *lápide* vem da palavra *lapis* em latim, que significa exatamente isto: "pedra".

Desde que nós, humanos, enterramos os nossos mortos, buscamos maneiras de tapar as sepulturas. Para garantir que os mortos não saiam para passear (rá!) ou, melhor dizendo, para selar bem a sepultura e impedir a entrada de animais necrófagos (também conhecidos como carniceiros). Ao longo da história, usamos materiais diferentes para isso, como cal, galhos e troncos ou, adivinhou!, pedras e pequenas rochas. Aí está a origem e uma das funções das lápides: selar a sepultura.

Mas lápides como a que você pode ver na ilustração (que não cobre a sepultura, e é colocada verticalmente) têm outra função: marcar o lugar onde uma pessoa está enterrada e indicar a localização do seu túmulo no cemitério. Também designam um espaço para que familiares expressem o luto e celebrem a vida da pessoa que está enterrada ali.

E como as lápides são feitas? O primeiro passo é cortar a pedra no tamanho certo. Depois é hora de esculpi-la, decorá-la e gravar o nome e as datas de nascimento e morte da pessoa enterrada. Essa é uma das tarefas mais trabalhosas. Antigamente, as pessoas incumbidas dessa função esculpiam as letras à mão, usando um cinzel e derramando ferro derretido sobre as letras para que fosse possível lê-las. Hoje, salvo exceções, as gravações são feitas por máquinas mecânicas. Uma foto da pessoa falecida também costuma fazer parte da lápide (hoje a imagem pode ser gravada a laser a partir de um arquivo do computador), ou também é possível esculpir o rosto ou algum outro desenho que recorde a pessoa falecida. Assim que a lápide fica pronta, ela é levada ao cemitério e pode ser ou colocada na terra, ou usada para tampar a gaveta mortuária, dependendo do tipo de sepultura.

E quem faz as lápides? Aí já é outra história.

Talvez você se interesse em ler também as perguntas 17, 20 e 38.

23. Por que às vezes não deixam as crianças da família verem os mortos?

Fernanda

Querida Fernanda,

Já aconteceu de você querer ver um ente querido já falecido e a sua família não permitir? Como você se sentiu? Perguntou o porquê? Te deram alguma explicação?

Ver uma pessoa morta é uma forma muito clara de entender o que acontece quando alguém morre e o corpo para de funcionar. Mas pode ser uma experiência impactante. Alguns adultos pensam que essa visão poderia ser muito angustiante para as crianças. Para esses adultos, não deixar que elas vejam os mortos é uma maneira de proteção.

É fato que também existem muitas pessoas adultas que não querem ver os corpos sem vida dos seus entes queridos. Preferem guardar na memória momentos de quando a pessoa ainda estava viva, para poder pensar nela exatamente como era no tempo em que conviveram, e não através de uma lembrança de um corpo sem energia nem movimento nem voz.

No entanto, há quem sinta que ver uma pessoa morta ajuda a entender melhor a sua morte.

Depois de ler isso, o que você acha? Preferiria ver o corpo de um ente querido falecido ou não? Depende? De quê?

De toda forma, é interessante pensar que se você tivesse nascido em outra época ou em outro lugar, talvez já tivesse visto mais de uma pessoa morta. Antigamente (em alguns lugares, até hoje), os mortos eram velados em casa, e adultos e crianças se despediam dos seus entes queridos nos espaços em que tinham vivido juntos. O que você acha disso?

Diferente da maior parte das crianças...

... meninas e meninos de Madagáscar podem assistir à tradição funerária do *famadihana*, ou "virada dos ossos". A cada sete anos, famílias desenterram os seus ancestrais, arrumam e envolvem os corpos em mortalhas novas, e, erguendo-os bem alto, dançam ao som de música antes de voltar a enterrá-los por outros sete anos. As crianças participam da cerimônia e têm a oportunidade de aprender mais sobre os seus ancestrais.

Talvez você se interesse em ler também as perguntas 24 e 28.

24. Por que nos incomoda falar sobre a morte?

Michael

Querido Michael,

Agradecemos por essa pergunta tão incômoda!

Você tem razão: não é fácil encontrar quem não se incomode em falar sobre a morte. Consegue pensar em alguém?

A questão é que falar sobre a morte não é fácil. Pode causar dor, ansiedade, medo ou tristeza. E quem quer causar tudo isso? Ninguém, claro! Que incômodo! Mas isso é curioso, porque falar sobre a morte é o que justamente pode ajudar a lidar com a dor, a ansiedade, o medo ou a tristeza.

A possibilidade de falar sobre a morte com tranquilidade pode nos ajudar a entendê-la melhor e a compartilhar as nossas preocupações ou curiosidades. Imagine poder pensar na morte como mais uma parte da vida e conversar com naturalidade sobre o que sentimos quando perdemos alguém que amamos muito, sobre como gostaríamos que fosse o nosso enterro, sobre quais lembranças gostaríamos de guardar de uma pessoa depois da sua morte ou quais lembranças gostaríamos que as pessoas tivessem de nós quando morrermos.

Mas, como a sua pergunta sugere, a morte é um assunto tabu. Por que será? Será que é porque falar dela nos faz lembrar que um dia vamos morrer e isso nos assusta? Será que nos faz lembrar que as pessoas que amamos um dia podem desaparecer e isso dói? Será que ignorar a morte e fingir que ela não existe nos deixa um pouco mais tranquilos? Como se não falar nunca sobre ela pudesse fazê-la desaparecer (morte? Que morte?). Ou como se falar dela pudesse fazê-la aparecer (aaaaah!).

A nossa ideia é que, com este livro, mais pessoas se atrevam a falar sobre a morte com naturalidade. Será que conseguimos?

Talvez você se interesse em ler também as perguntas 23 e 28.

AVISO
Falar sobre a morte não mata.

25. Existe algum destino pior do que a morte?

Ali

Querido Ali,

É interessante pensar na diferença entre a sua pergunta e esta outra: existe algo pior do que a morte? Esta talvez seja mais fácil de responder. A mitologia grega nos oferece bons exemplos de existências que poderiam ser consideradas bem piores do que a morte.

Prometeu, castigado pelo deus grego Zeus por roubar o fogo dos deuses e dá-lo aos seres humanos, passa a eternidade acorrentado a uma rocha, e todos os dias uma águia aparece e devora o seu fígado. À noite, o fígado volta a crescer e a pele cicatriza até o dia seguinte. Uma eternidade de dor e sofrimento! Para Tântalo, que matou o próprio filho, cozinhou o seu corpo e o serviu em um banquete para os deuses, Zeus também planejou uma eternidade muito "especial": ordenou que vivesse em um lago cuja água ele não conseguia beber e cercado por árvores carregadas de frutos que desapareciam quando ele tentava colher. Fome e sede eternas!

Com certeza mais de uma pessoa que está lendo este livro pensaria seriamente em escolher a morte em vez dessas existências de sofrimento perpétuo!

Mas a sua pergunta fala especificamente sobre "destino". O que faz pensar na experiência de viver sabendo que a morte é o destino de todos os destinos e que, com toda a certeza, vamos morrer um dia.

Não é fácil imaginar como seria a nossa vida se tivéssemos outro destino que não a morte. Você consegue imaginar a nossa vida se ela fosse eterna, por exemplo? Seria um destino melhor? Ou pior? Você consegue imaginar algum outro destino que não fosse nem a morte nem a vida eterna?

Dizem que...

... pisar em um cocô de cachorro sem querer dá sorte, mas não tanta a ponto de nos livrar da morte.

Talvez você se interesse em ler também as perguntas 12 e 19.

26. E se eu morrer, o que acontece com o meu video game?

Gael

Querido Gael,

Que pergunta tão pragmática! E embora possa parecer mentira (por causa do video game), que pergunta tão antiga! Há quase 4 mil anos, no Egito Antigo, Ankh-Ren se perguntou algo parecido. É dele o primeiro testamento escrito de que se tem notícia, e o que se sabe é que ele deixou todos os seus pertences para o irmão Uah. Pouco depois, Uah fez outro testamento, no qual deixou para a esposa tudo o que o irmão Ankh-Ren tinha deixado para ele.

E de testamento em testamento, chegamos a você e ao seu video game. Como você, Ankh-Ren deve ter se perguntado: quando eu morrer, o que vai acontecer com todas as minhas coisas? Quem vai ficar com elas? Alguém vai saber aproveitá-las como eu? Existem normas ou tradições? Espere aí! Eu mesmo posso decidir?!

É o momento de pensar em redigir um testamento! Mas não vale escrever em qualquer papelzinho. Um testamento é um documento legal no qual deixamos por escrito as nossas "últimas vontades". Nele explicamos em detalhes quem queremos que fique com as nossas coisas. As pessoas que repartem os nossos bens são *herdeiras*, e os objetos que são repassados (por exemplo, o seu video game) são a *herança*.

Pense bem, Gael, porque o que vai acontecer com o seu video game está nas suas mãos! Mas como você vai decidir para quem deixá-lo? Quem merece mais? Quem aproveitaria mais? Quem cuidaria melhor dele? Quem teria a vida mais transformada?

No geral, os herdeiros são familiares ou amigos muito próximos. Mas não é obrigatório que seja assim. Em 2007, um aristocrata português, o sr. Noronha Cabral da Câmara, deixou a sua imensa fortuna para setenta pessoas escolhidas aleatoriamente na lista telefônica. Um notário validou o processo e, dessa forma, os herdeiros, surpresos, puderam receber a sua parte. Parece que o sr. Noronha se inspirou no filme *Se eu tivesse um milhão*, de Ernst Lubitsch, no qual acontece uma coisa parecida.

Independente do que decidirmos, deixar um testamento facilita muito as coisas depois da morte, porque a nossa vontade está registrada por escrito e a partilha fica mais fácil. Mas às vezes não existe um testamento escrito. Talvez porque a pessoa falecida não esperasse morrer tão já, talvez porque preferisse não decidir como repartir os seus bens ou simplesmente porque o tempo foi passando e a morte chegou antes de elaborar um testamento. Nesses casos, as leis estabelecem como os bens de um falecido devem ser divididos. E aí, sim, os herdeiros são sempre os familiares mais próximos.

Pode acontecer de não existir família nem alguém próximo para destinar a herança. Quando acontece isso, algumas pessoas optam por deixar os seus pertences para a própria comunidade, para a cidade ou para uma causa beneficente. Caso não existam nem testamento nem familiares próximos, é o Estado quem fica com os bens.

Nos testamentos de Ankh-Ren e Uah...

... nenhum video game é mencionado (imagina?), mas um detalhe específico chama a atenção. Nos dois testamentos aparecem três categorias de "bens": propriedades (casas), outros pertences e pessoas escravizadas. Felizmente os tempos mudam. Hoje, além de poder jogar video game, nenhuma pessoa pode ser dona de outra nem deixá-la como herança.

Às vezes, as questões de herança ficam complicadas. Por exemplo, quando não se tem certeza de que uma pessoa morreu. Quando alguém desaparece e o seu corpo não é encontrado, é preciso que alguns anos passem até que um juiz possa determinar que a pessoa está morta. Só quando isso acontece é que a herança pode ser encaminhada.

Pode parecer que receber uma herança é sempre interessante. Tantas pessoas ficaram milionárias quando se tornaram herdeiras! Mas você sabia que também é possível herdar dívidas? Já imaginou ter de pagar coisas que você não comprou e que nem mesmo quer ter?

Também pode acontecer de nos deixarem bens, mas os custos de transferir a herança para o nosso nome serem maiores do que o valor dos bens. Nesses casos, é possível renunciar à herança. Como você pode perceber, se tornar um herdeiro não é tão fácil como poderíamos imaginar.

Olha, quando se trata de um video game ou de objetos que não têm muito valor econômico, é mais fácil. Não é preciso testamento legal. A família e os amigos podem dividir pequenos pertences de valor emocional, e nesses casos até mesmo um papelzinho escrito à mão é suficiente.

Talvez você se interesse em ler também a pergunta 34.

27. Como percebemos que vamos morrer em breve?

Eloi

Querido Eloi,

Toc, toc, toc! Batem na porta três vezes. "Quem é?", você pergunta. Ninguém responde, então você abre a porta e olha para fora. Olha para um lado, depois para o outro. Ninguém. Agora imagine que essa cena faz parte de um filme de terror. Nada de bom vai acontecer, já sabemos disso. Será um sinal, como diz a superstição, de que a morte está esperando logo ali na esquina?

    Os *presságios de morte*, supostos sinais que anunciam um falecimento, remontam à Antiguidade e até hoje são muito presentes no folclore popular de diferentes culturas de todo o mundo. E nos filmes de terror, claro! Os presságios de morte, quando você sabe quais são, costumam ser muito aterrorizantes, para falar a verdade.

    A vaca começa a mugir como um touro? A galinha começa a cantar como o galo? Um gato preto mia à meia-noite? Ouvimos uma coruja piar da cama? Um cachorro gane por três dias seguidos ao pé do dono? Um relógio para ou volta a funcionar de repente, depois de anos sem funcionar? Um espelho pendurado na parede cai? Os sinos tocam sozinhos à noite? Todos são supostos sinais de que alguém vai morrer em breve.

Perceber ou não perceber…
… também pode depender da pessoa em questão. Existem pessoas com a percepção mais aguçada, que são mais observadoras, e outras que não tiram os olhos do livro para não interromper a leitura.

Alguns desses presságios eram bastante precisos no que se refere ao tempo que a morte demoraria para chegar (dois dias, uma semana ou antes que a Terra desse outra volta ao redor do Sol), mas não na maioria dos casos (alguma coisa iria acontecer "em breve", e nada mais específico que isso). Ai, Eloi! É difícil saber o que é pior, se a precisão ou a ambiguidade. O que você acha?

Por outro lado, no caso de alguns desses presságios, pensava-se que era possível revertê-los com rituais concebidos para enganar a morte (se a galinha cantasse como o galo, por exemplo, para que a profecia não se realizasse era preciso encontrá-la e matá-la antes do amanhecer). Mas contra outros presságios não havia o que fazer.

Essas premonições tinham algo de concreto? Hoje em dia, chamamos todas essas crenças de superstições, porque não servem para prever morte alguma do ponto de vista científico.

Voltando à sua pergunta: é possível perceber que vamos morrer em breve ou que a morte está próxima? Se respondermos a essa pergunta a partir do conhecimento médico atual, não existe uma resposta única. Cada morte é um caso específico e cada pessoa pode sentir a chegada da morte de maneira diferente.

Algumas mortes acontecem de repente, e é difícil perceber antes que elas vão ocorrer. Mas outras, causadas por uma doença, podem chegar de forma menos repentina. Os médicos especialistas em *cuidados paliativos* (os cuidados e atendimento destinados a pacientes com doenças graves e terminais, já no final da vida) dizem que é possível perceber a aproximação da morte dias ou mesmo semanas antes do falecimento. E quais são os indícios? Os pacientes podem ficar debilitados a ponto de não conseguirem fazer coisas que antes conseguiam, como caminhar, e podem precisar de ajuda para se ajeitar na cama ou para ingerir líquidos. Começam a dormir por mais tempo. Podem ficar um pouco confusos e até ter alucinações. Já no finalzinho, mal conseguem comer, beber ou tomar os medicamentos, a pressão arterial diminui, a respiração muda e dormem quase o tempo todo, entre outros indícios de que a morte está prestes a acontecer.

Nem todo mundo vai sentir esses sintomas ou passar por todas essas alterações, porque isso depende da doença e do estado geral de saúde da pessoa. É importante dizer que esses sintomas não necessariamente são sinais de uma morte iminente (podem aparecer por outros motivos que nada têm a ver com uma morte próxima).

Algumas das coisas que surgem quando a morte está à espreita podem ser mais incômodas do que outras. Caso apareçam sintomas mais desconfortáveis, como náuseas, dores ou dificuldade de respirar, existem medicamentos e tratamentos que podem ajudar.

Graças aos cuidados paliativos, a morte, mesmo que a gente perceba a sua chegada, pode ser um processo tranquilo.

Talvez você se interesse em ler também as perguntas 6, 28 e 29.

28. A morte dá medo?

Christian

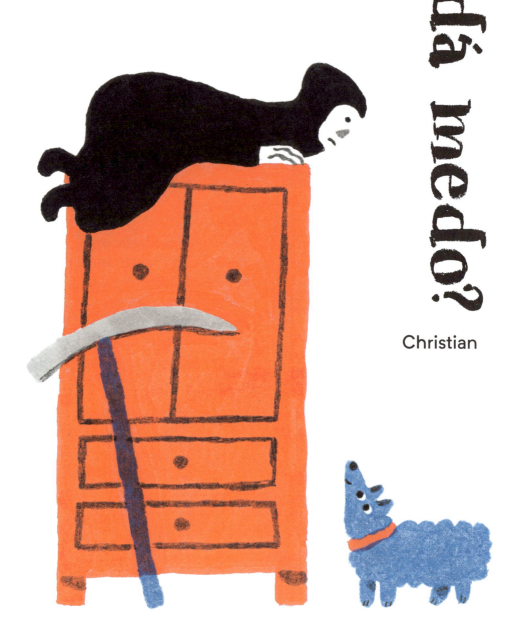

Querido Christian,

Algumas pessoas têm tanto medo da morte que ficam assustadas só de falar sobre ela. Ouvem a palavra *morte* e fingem que não ouviram, mudam de assunto ou tratam de se esconder até que passe o "perigo".

A morte, seja como assunto de uma conversa, seja como ideia com a qual temos que conviver ou como perspectiva de futuro, pode deixar muitas pessoas de cabelo em pé.

E são muitos os motivos para isso. Para começar, ninguém sabe o que acontece depois da morte. É a maior incerteza de todas. E a incerteza, no geral, assusta. Nós, seres humanos, gostamos de compreender as coisas e nunca poderemos compreender a morte completamente. Pelo menos enquanto estivermos vivos!

O fato de não saber como nem quando vamos morrer é outro tipo de incerteza que também pode dar medo e causar uma sensação de falta de controle. É difícil conviver com algo tão imprevisível!

A ideia de deixar de existir também dá medo. Mesmo se acreditarmos que existe vida depois da morte, a dúvida permanece. A ideia de desaparecer por completo pode ser muito inquietante.

Se acreditarmos que existe uma vida depois da morte com céu e inferno, podemos ficar com medo de não ter tido um comportamento bom o suficiente durante a nossa vida na Terra. E, mesmo se não acreditarmos no além, a dúvida vai continuar ali.

A morte também pode dar medo se pensarmos nas pessoas que ficam. Elas vão se virar sem a gente?

Ou, pelo contrário, podemos sentir medo de que os nossos entes queridos morram. É assustador pensar na vida sem eles e por isso tememos a sua morte. O que vou fazer quando não estiverem? Como vou fazer para não esquecer a sua voz? Como vai ser a vida sem eles? Vai doer muito?

Mas talvez aquilo que mais provoca medo tenha a ver com o processo de morrer em si e com o que pode acontecer enquanto estamos morrendo. Como vai ser? Vai doer? Vai demorar? Vou sofrer? Quem vai estar ao meu lado? Vou me dar conta de que estou morrendo? O que vou sentir ao saber que estou morrendo?

O curioso é que, para algumas pessoas, esse medo da (própria) morte diminui à medida que envelhecem. O que pode parecer um pouco estranho, já que poderíamos pensar que, quanto mais velhos somos e mais perto da morte estamos, mais medo sentiríamos. Mas, ao que parece, existem pessoas que, à medida que vão se aproximando da morte, assimilam com mais tranquilidade que ela é a conclusão da vida.

Para outras pessoas, o medo não diminui muito, mas para a maioria é possível conviver com ele.

O medo da morte só chega a se tornar uma preocupação se for muito intenso e irracional, a ponto de não deixar a gente viver uma vida normal. Por exemplo, evitar sair de casa porque talvez caia um vaso na nossa cabeça e nos mate. Se isso está acontecendo, é hora de procurar ajuda!

Mas se perguntar sobre a morte e, de vez em quando, sentir um pouquinho de medo é completamente normal se você é um ser humano.

A verdade é que falar sobre a morte não deveria nos assustar. Pelo contrário! É a única forma de compartilhar o que realmente nos assusta e conversar sobre o assunto.

E a morte, pobrezinha? Do que será que ela tem medo?

Talvez você se interesse em ler também as perguntas 21, 23, 24 e 27.

29. O que sentimos quando somos envenenados?

Fernando

Querido Fernando,

Felizmente, não vamos te responder com conhecimento de causa! Tivemos que pesquisar antes. E a resposta, como tantas outras, é que depende. O que sentimos quando somos envenenados depende de qual é o veneno, depende da quantidade de veneno e depende de como o veneno foi administrado.

O mais importante? A quantidade. Existem algumas substâncias muito perigosas, que com algumas gotinhas e nada mais podem causar a morte, enquanto outras só representam perigo em quantidades muito maiores. Por isso, quando se trata de veneno, costuma-se falar de *dose letal*: a quantidade mínima necessária para que determinada substância provoque a morte.

O modo de administração também faz diferença. Alguns venenos são fatais só de serem chupados, outros devem ser injetados para terem efeito.

Cada veneno provoca sintomas muito diferentes. Alguns venenos causam dores terríveis, espasmos, vertigens, cãibras e convulsões repentinas, resultando, por exemplo, em infarto ou coma. Existem inclusive alguns tipos que, administrados pouco a pouco, agem de forma quase imperceptível. O crime perfeito!

Mas você sabia, Fernando, que a imensa maioria dos envenenamentos é acidental e acontece em ambiente doméstico? Os inimigos estão dentro da nossa casa! E não estamos falando nem de cobras nem de tarântulas nem de aranhas-violinistas nem de vespas-asiáticas. Os principais culpados são produtos de limpeza (como água sanitária) e medicamentos, aqueles cujas embalagens têm o aviso "Manter fora do alcance de crianças".

Talvez você se interesse em ler também as perguntas 6, 27 e 36.

Você sabia que...
... alguns venenos que são fatais em grandes quantidades, quando administrados em pequenas doses, podem ser benéficos e até mesmo servir de medicamento para aliviar ou curar doenças?

30. Como vou saber que só dormi, e não que morri?

Zian

Querido Zian,

Nos sonhos, o conhecimento e a imaginação se misturam a tal ponto que é difícil desemaranhar. Como saber o que saberemos (ou não saberemos) enquanto estamos dormindo?! Muito difícil!

Pensamos em um teste que você pode fazer para responder à sua pergunta: espere para ver se acorda. Se acordar, você terá a certeza de que estava só dormindo, e não morto. Faz sentido?

Outra pergunta que recebemos para este livro dizia assim: "Certeza que não morremos à noite e depois ressuscitamos?". Aí o teste fica mais complicado!

Talvez você possa pedir a ajuda de alguém para verificar, na próxima vez em que dormir, se você está morto ou simplesmente dormindo. Como poderiam verificar isso? O mais comum seria que se aproximassem para ver se você está respirando (o som e o ligeiro movimento do peito ou do nariz e da boca, por exemplo). Se não percebessem a sua respiração, poderiam pegar na sua mão e procurar pelo seu pulso ou pôr a orelha no seu peito para garantir que o coração está batendo. Se não escutassem nada, e como o último dos últimos recursos, poderiam recorrer ao beliscão da salvação.

Um beliscão forte desperta qualquer adormecido! E, que se saiba, um beliscão nunca ressuscitou morto algum.

Olhando bem para a ilustração...
... será que o ursinho do vampiro ressuscitou depois de um beliscão do dono?

Ainda que dormir e morrer sejam coisas muito diferentes, são suficientemente parecidas para que há milênios nós, os seres humanos, tenhamos estabelecido uma ligação na nossa imaginação.

Não é coincidência que os deuses gregos do sono (Hipnos) e da morte (Tânatos) fossem irmãos gêmeos. Nem que em muitas religiões se refira à morte como um "sono eterno" ou um "descanso eterno". Ou que, quando alguém morre, se diga "descanse em paz". Sabia que a palavra *cemitério* vem do grego, *koimeterion*, que significa "lugar para dormir"?

Também não é surpresa nenhuma que tenhamos inventado todos aqueles contos de fadas em que as personagens dormem cem anos e depois acordam, como *A bela adormecida* ou *Branca de Neve*. Ou todas aquelas histórias de mortos-vivos, vampiros e zumbis. A relação entre o sonho e a morte nos deixa intrigados, inquietos e provoca perguntas como a sua.

Mas quais são as semelhanças que fazem com que a gente estabeleça uma ligação entre o sono e a morte?

Uma das semelhanças mais evidentes é a imobilidade. Quando morremos, o nosso corpo fica inerte e não reage a estímulos. Quando dormimos, o nosso corpo entra em repouso e pode ficar imóvel por períodos mais ou menos longos. Existem inclusive algumas fases de sono profundo em que mal reagimos a estímulos externos e podemos levar mais tempo para acordar (só com um beliscão bem forte para conseguir esse feito). Mas mesmo que de fora pareça que não nos mexemos, nós nos mexemos, sim. E o mais importante: o nosso organismo segue ativo inclusive quando está em repouso. Quando estamos mortos, não.

Outra semelhança está relacionada à escuridão. Imaginamos a morte como uma tela preta. Quando fechamos os olhos para adormecer, pode parecer que a mesma coisa está acontecendo. O mundo desaparece. Ou nós desaparecemos!

Imagine só que os bebês, durante os primeiros meses de vida, acham que só existe aquilo que eles podem ver; e o que deixam de ver, deixa de existir. Deve ser aterrorizante fechar os olhos para dormir! "O mundo acabou? Eu acabei?" O bebê desata a chorar (buááá! buááá!), mas logo ouve o som de uma canção de ninar e o sussurro da voz que chega do mundo que ele deixou de ver o acompanha até o sono. Ao abrir os olhos pela manhã, ele espera voltar a ver o mundo.

Menos mal! Afinal de contas, dormir é um estado de repouso passageiro. Não dura para sempre, podemos acordar e é verdade que costumamos acordar com bastante facilidade, sem precisar de beliscão algum. Da morte não. Contanto que você não se transforme em um zumbi, é claro.

Talvez você se interesse em ler também a pergunta 5.

31. Qual é o sentido da vida, se vamos morrer?

Luz Mary

Querida Luz Mary,

Pela sua pergunta, parece que você pensa que, se a gente nunca morresse (se vivesse para sempre), a vida teria mais sentido. Por curiosidade, vamos te fazer algumas perguntas: como a eternidade daria sentido à vida? Por que você acha que a morte tira esse sentido?

Você notou que o nosso querido vampiro sugere justamente o contrário? Pela pergunta que faz a si mesmo, ele parece pensar que, se morresse algum dia, a sua vida teria mais sentido. Por curiosidade, também gostaríamos de perguntar a ele: como a morte daria sentido à sua vida? Por que você acha que a eternidade tira esse sentido?

Ainda que as perguntas de vocês sejam aparentemente opostas, na realidade sondam um mesmo mistério. O que é essa estranha vida? O que fazemos aqui? Por que e para que estamos aqui?

Por um lado, se sabemos que vamos morrer e que nada permanece, podemos nos perguntar se, na grande escala das coisas, o que fazemos da vida tem alguma importância. Que diferença faz? Mas, por outro lado, sabendo que a nossa vida é curta e que vai acabar, podemos entender isso como uma espécie de desafio: somos capazes de dar sentido à nossa vida no pouco tempo que temos na Terra?

Às vezes é mais fácil pensar em sentidos pequenos e singelos, mas saborosos e significativos, do que em um GRANDE SENTIDO IMENSO E COMPLETO. Vamos fazer um teste: quais são as dez coisas que você gostaria de fazer antes de morrer?

O sentido da vida dá o que pensar:
Existem vidas que têm mais sentido do que outras? A sua vida tem mais sentido do que a vida de uma mosca? E do que a de uma árvore? A vida de uma cientista importante tem mais sentido ou o mesmo sentido que a sua? Quais são as coisas que dão sentido à nossa vida? Sempre são as mesmas coisas ou mudam com o tempo? Todo mundo encontra sentido para a vida nas mesmas coisas? É preciso encontrar um sentido para a vida? Ou dá para viver bem sem encontrar completamente o sentido?

Talvez você se interesse em ler também a pergunta 16.

32. No futuro, vão existir máquinas para ressuscitar as pessoas?

Núria

Querida Núria,

Imagine uma Núria do século XIV se fazendo a mesma pergunta: "No futuro, vão existir máquinas para ressuscitar as pessoas?". Agora imagine que essa Núria do passado fosse apresentada à extraordinária oportunidade de viajar para o futuro em uma máquina do tempo. Até o século XXI, ele mesmo! Por coincidências da vida, no lugar que sua casa ocupava no século XIV, agora existe um grande hospital. Núria aterrissa justo em um dos centros cirúrgicos, bem a tempo de presenciar uma cirurgiã aplicando com um desfibrilador uma descarga elétrica controlada em um paciente com parada cardiorrespiratória e aparentemente morto. A equipe médica auxilia no processo de reanimação até que o paciente "ressuscita". "Que máquina é essa?!"

    O que queremos dizer é: e se isso já for o futuro?! E se já existirem máquinas capazes de ressuscitar as pessoas?

Para a Núria do passado e também para os médicos da época dela, o coração parar era sinônimo de morte. Se o coração deixasse de bater, nada podia ser feito. Mas, muito tempo depois, já no século XVIII, começaram a perceber que em alguns casos, como um afogamento, por exemplo, podia acontecer de pessoas aparentemente mortas (com o coração sem batimentos) não estarem de fato mortas. Ou seja, elas poderiam ser "ressuscitadas". Para isso, usavam-se métodos como esfregar, estapear (!!!), massagear, mudar a postura do corpo, jogar cubos de gelo ou virar a pessoa de cabeça para baixo para tirar a água dos pulmões. É até difícil de acreditar em algumas das técnicas que foram postas em prática, como amarrar a pessoa em um cavalo trotando para que o movimento fizesse uma massagem cardíaca, facilitando a entrada e a saída de ar; ou soprar fumaça de tabaco através de um tubo pelo orifício anal para manter o corpo aquecido. Sim, é isso mesmo que você está lendo.

Já no século XIX, para a sorte das pessoas aparentemente mortas que conseguiam ser "ressuscitadas", deixaram de soprar tanta fumaça e as práticas se concentraram em técnicas como massagem cardíaca, abertura das vias aéreas e ventilação assistida (técnicas que integram o que agora conhecemos como manobras de *reanimação cardiopulmonar* ou RCP).

E as máquinas? Foram muitas, como o biomotor inventado por Rudolf Eisenmenger em 1903: um dispositivo para respiração artificial indicado para a reanimação dos pacientes com parada cardiorrespiratória causada por afogamento ou intoxicação. Ou um artefato que provocava pequenas descargas elétricas no coração para tentar restabelecer o ritmo cardíaco normal (o desfibrilador), inventado pelo cirurgião Claude Beck, e usado com sucesso pela primeira vez em 1947, em um paciente de catorze anos que sofreu parada cardíaca no fim de uma cirurgia.

Mas o desfibrilador usado por Beck não é muito semelhante ao visto por Núria, a viajante do tempo. No último século, foram desenvolvidos desfibriladores capazes de funcionar sem que seja preciso abrir o tórax do paciente, e sim descarregando a eletricidade no peito. Com o tempo, deixaram de ser trambolhos pesados e se tornaram máquinas portáteis, que podem ser levadas em ambulâncias, salvando assim muito mais vidas. Atualmente, existem lugares públicos que disponibilizam desfibriladores portáteis, fáceis de usar e sem a necessidade de um médico.

Todo esse conhecimento e o uso de novas técnicas e aparelhos transformaram, como você pode perceber, o conceito de morte para sempre. O coração parar de bater já não era sinônimo de morte!

Hoje em dia, o que se define como morte é a parada da atividade cerebral, que é um processo rápido e (aparentemente) irreversível. Mas isso poderia mudar no futuro? Poderíamos encontrar formas de desacelerar ou reverter o processo? A ciência vai redefinir a morte no futuro? Vamos precisar esperar para ver!

Você imagina...

... poder ressuscitar uma mulher da Idade da Pedra para ver como ela se adaptaria ao mundo atual? Ou ressuscitar a Cleópatra, para ver o nariz dela de perto? Ou quem sabe a sua bisavó, para perguntar como o seu avô se comportava quando era pequeno? E grandes autores do passado, para que autografassem os seus livros? Quanto valeria um autógrafo novinho de um autor do século XIV? Se fosse possível, quem você gostaria de ressuscitar?

Talvez você se interesse em ler também as perguntas 3, 5 e 15.

33. Por que quando um animal está doente recebe uma injeção para morrer logo, mas uma pessoa não?

Marc

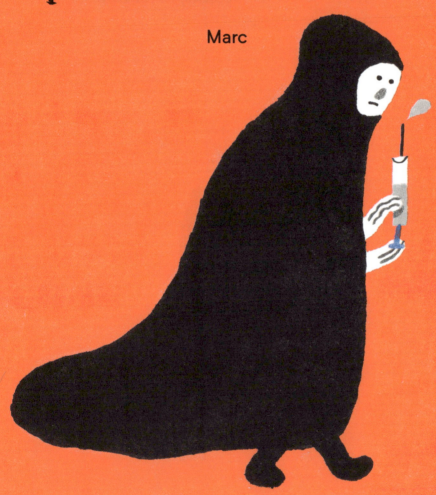

Querido Marc,

Quando um animal de estimação sofre de uma doença muito dolorosa e incurável, costuma-se pôr fim à sua vida de maneira rápida e indolor, com a intenção de evitar mais sofrimento. Ou seja, recorre-se à eutanásia animal. *Eutanásia* é uma palavra de origem grega que significa "boa morte".

Boa morte?! E a morte lá pode ser boa? A ideia por trás da prática da eutanásia é que algumas mortes possam ser, se não "boas", pelo menos melhores do que outras. O que acontece é que, às vezes, quando um animal está fadado a passar por uma morte dolorosa e agonizante (uma má morte), intervir com medicamentos para tentar dar uma boa (ou melhor) morte seria um ato de compaixão. Matar por compaixão? É por aí.

A verdade é que, se desdobrarmos a sua pergunta, Marc, encontramos outra que tem muito a ver com o assunto: por que não temos essa mesma "compaixão" com os seres humanos?

Mas existe uma diferença importante. Enquanto a aceitação da eutanásia animal é muito ampla — ainda que existam detratores —, a eutanásia humana divide opiniões de forma muito mais contundente na sociedade. Desperta mais dúvidas. O fato é que, na maioria dos países, a *eutanásia ativa* (administrar um medicamento com injeção ou por qualquer outra via em seres humanos para provocar a sua morte) é proibida. Em outros países, a *eutanásia passiva* (suspender o tratamento médico que mantém viva uma pessoa gravemente doente ou em estado terminal) também é proibida. Mas existem alguns países em que os dois tipos de eutanásia são permitidos legalmente — e a lista está aumentando. Neles, os pacientes com doenças terminais graves e sem perspectiva de recuperação podem solicitar a eutanásia para a equipe médica.

Como todas as questões de vida e morte, a eutanásia faz aflorar fortes emoções e posicionamentos conflitantes. Gera, principalmente, perguntas difíceis. Quais perguntas difíceis sobre eutanásia passam pela sua cabeça?

Talvez você se interesse em ler também as perguntas 8 e 25.

34. Por que algumas pessoas doam órgãos quando morrem?

Nataly

Querida Nataly,

Normalmente, quando falamos de doar ou de dar alguma coisa, logo pensamos em um objeto ou em dinheiro. Mas um órgão do nosso corpo! Parece ficção científica! É tão fácil assim tirar um órgão de um corpo e pôr em outro?

"Fácil" não é bem a palavra. Quando um corpo recebe um órgão que não lhe pertence, pode identificá-lo como um invasor e começar um ataque: "Fora, órgão estranho!". Por isso, o órgão não pode ser de qualquer pessoa: é necessário ter compatibilidade. Também por isso, até que os remédios que combatem rejeições a órgãos alheios fossem desenvolvidos, não foi possível realizar o primeiro transplante de um órgão interno com sucesso. Em 1954, em Boston, foi feito o transplante de um rim entre dois irmãos gêmeos (mais compatível, impossível!). E, ao contrário das pessoas citadas na sua pergunta, os dois estavam vivos.

Para poder transplantar órgãos de um corpo morto a um corpo vivo, a invenção do respirador artificial foi muito importante, porque ele possibilitou manter os órgãos de uma pessoa com morte cerebral oxigenados (portanto, com vida). Então, quando uma pessoa com órgãos sadios morre, se os médicos forem rápidos, podem remover os que ainda estão vivos e transplantá-los a pessoas que precisam de órgãos que funcionem melhor do que os próprios para continuar vivendo ou melhorar a qualidade de vida.

Uma pessoa saudável pode doar, ao morrer (segure firme!): dois rins, um fígado, um coração, dois pulmões, um pâncreas e um intestino; um total de oito órgãos vitais. Uma só pessoa doadora pode salvar a vida de outras oito.

Doar órgãos é uma maneira de dar vida de presente e por isso muita gente decide ser doadora. Não é bonito pensar que partes suas, mesmo que você já esteja morta e nem consiga sentir, podem ajudar outras pessoas a continuar vivendo?

Algumas perguntas

Se eu doar um órgão para uma pessoa, essa pessoa passa a ser um pouquinho "eu"? Ou não? Se quando eu morrer for possível doar os meus órgãos para salvar vidas, é um dever fazer isso ou não se trata bem de um dever? Por quê?

Talvez você se interesse em ler também a pergunta 26.

35. Existe algum lugar onde está escrito quando vamos morrer?

Lucas

Querido Lucas,

Quando lemos a sua pergunta tão sugestiva, outras mil pululuram na nossa cabeça: como seria esse lugar cheio de datas mortuárias? Você o imagina como uma caverna em uma montanha distante? Ou mais como um prédio comercial no centro da cidade? Existiria um único lugar no qual seriam registradas as datas da morte de cada um dos seres vivos do planeta? Ou cada país ou região teria a sua própria caverna ou prédio comercial? Quem escreveria as datas? De onde sairiam esses dados? E como poderíamos ter certeza de que estão corretos? Você acha que seria interessante para o mundo que todos os seres humanos soubessem quando vão morrer? Se existisse um lugar assim, você iria? E acreditaria na data que te passaram?

Como dá para imaginar, você não é a primeira pessoa a pensar em um lugar assim. Essa ideia está relacionada com acreditar que o futuro já está escrito e que tudo já está determinado desde o nosso nascimento. É o destino! Vem desde a Antiguidade e aparece em diferentes crenças religiosas e espirituais do mundo todo. Por exemplo, oráculos gregos e egípcios. Os *oráculos* eram pessoas (sacerdotes e sacerdotisas) com o suposto dom de prever o futuro graças à inspiração dos deuses. Era costume consultar o oráculo para todo tipo de assunto: "Vou ser feliz no casamento?", "Terei filhos?", "Meu negócio vai dar certo?" ou (você adivinhou, Lucas!) "Quando vou morrer?".

Mas os oráculos não forneciam datas nem dados muito concretos. As suas respostas vinham na forma de profecias, que mais pareciam uma charada dificílima de resolver do que uma informação. Como se informações sobre o futuro, ainda que pudessem ser compartilhadas, representassem uma espécie de ameaça se fossem ditas com muita precisão. Ou como se não quisessem pagar a língua!

Mesmo hoje em dia, muitos de nós, seres humanos, continuamos achando irresistivelmente sedutora a ideia de conhecer o próprio futuro. No século XXI, serviços de adivinhação como a *quiromancia* (a leitura das mãos como forma de prever o futuro) e a *cartomancia* (a leitura de cartas) continuam sendo vendidos (e comprados).

No entanto, sentimos muito em te dizer que, se consideramos a ciência e a técnica atual, ainda não inventaram nenhuma bola de cristal nem outro dispositivo que nos permita conhecer o porvir, e muito menos dados concretos sobre o futuro. Então, a resposta para a sua pergunta é: não. Não existe um lugar onde a data da nossa morte esteja escrita.

Claro que às vezes os médicos, no caso de determinadas doenças, conseguem saber se a morte está próxima e por isso podem dar uma ideia (aproximada) de quando um paciente pode morrer. Mas normalmente não existe uma forma de saber isso.

O que não significa que não sabemos nadica de nada! Sabemos, por exemplo, que existem muitos fatores que influenciam no número de anos que uma pessoa pode viver. Sabemos que as mulheres, em média, vivem mais do que os homens (uns cinco ou seis anos a mais). Também sabemos que um bebê nascido na atualidade em um país próspero, com estabilidade política e social, como Mônaco, tem muito mais oportunidades de viver uma vida longa (87 anos, em média) do que um bebê nascido, também na atualidade, em um país instável, com altos índices de pobreza e população desalojada por constantes desastres naturais ou pela seca, como o Chade (55 anos, em média).

Sabemos inclusive que, dentro de um mesmo país, os bebês nascidos em famílias abastadas vão viver mais anos (em média) do que bebês nascidos em famílias com poucos recursos. E sabemos também que, inclusive em um mesmo nível de riqueza de um mesmo país, hábitos como alimentação saudável e prática de exercícios físicos podem influenciar na duração da vida.

Levando em conta todos esses fatores e os dados de todos os nascimentos e mortes no mundo, a Organização Mundial da Saúde publica todos os anos os índices de "expectativa de vida" de todos os países. Possivelmente é o mais perto de ter por escrito "quando vamos morrer". Mas sabe o que acontece? A expectativa de vida aumenta à medida que fazemos aniversário. Por exemplo, uma pessoa nascida na Espanha em 1957 tinha ao nascer uma expectativa de vida de 67 anos. A cada aniversário (sem ter morrido), a expectativa foi se reajustando. Quando fez 65 anos, sua expectativa de vida era de 86 (dezenove anos a mais!), e quando fizer oitenta, se fizer, a sua expectativa de vida vai se ajustar mais uma vez, chegando aos noventa anos.

A data da nossa morte pode não ser escrita a partir do momento em que nascemos porque, além de acidentes e doenças que podem aparecer no caminho, o que vivemos e a forma como vivemos impactam a duração da nossa vida.

Imagine o pobre funcionário dessa caverna ou desse prédio comercial tendo que corrigir todo ano as milhares e milhares de datas de morte!

Talvez você se interesse em ler também as perguntas 7 e 8.

36. É verdade que quando se é decapitado, o corpo corre sem a cabeça?

Mishal

Querido Mishal,

Dizem tantas coisas sobre a morte! Que, quando morremos, o cabelo e as unhas continuam crescendo. Que uma cabeça decapitada pode falar ou fazer cara de surpresa. Ou que o corpo ao qual pertencia a cabeça com cara de surpresa poderia até terminar uma corrida, como você sugere. E apareceu uma dúvida por aqui: se o corpo sem cabeça ganhasse a corrida, a cabeça mudaria essa expressão de surpresa pela alegria da vitória?

A cultura popular está cheia de mitos sobre a morte. Muitas vezes são histórias com toques macabros, perfeitas para serem contadas à noite, em volta da fogueira. Outras histórias são fruto de erros ou de mal-entendidos. Por exemplo, não é que o cabelo, a barba ou as unhas continuem crescendo, e sim que, quando morremos, a nossa pele resseca e por isso parte do cabelo e das unhas que antes estava sob a pele fica à vista. Pode parecer que cresçam, mas não.

E o que acontece nas decapitações? Você já ouviu falar na incrível história do Mike? Dizem que, em meados do século XX, ele sobreviveu por dezoito meses depois de ser decapitado. Não só correu, como comeu, dormiu e chegou até a se tornar uma atração de parques de diversões. As pessoas vinham de longe e pagavam para vê-lo.

Ele não era humano, claro! Era um frango. Ao que parece, o milagre aconteceu por uma sucessão de coincidências. Os Olsen, proprietários da fazenda onde Mike morava, o escolheram para servir assado no jantar. A mãe não queria desperdiçar o pescoço e por isso fez um corte o mais alto possível, e tirou só o bico, os olhos, uma orelha e a frente do rosto. Devido à localização do cérebro nas galinhas (na parte traseira da cabeça, atrás dos olhos), o corte deixou uma boa parte do cérebro intacta, incluindo a região que controlava a frequência cardíaca, a respiração e a digestão. Outra coincidência: um coágulo sanguíneo evitou que Mike sangrasse até a morte. Depois de ver que, já decapitado, o frango se levantou e saiu correndo como se nada tivesse acontecido, os Olsen decidiram que não iam jantá-lo e o adotaram como seu animal de estimação. Deram comida para ele pela traqueia com um conta-gotas, o que permitiu que ele ganhasse peso e continuasse

122

crescendo mesmo depois de perder a cabeça. Se você pensar bem, isso sim é que é uma história de terror!

Mas a sua pergunta não tinha nada a ver com frangos, e sim com seres humanos sem cabeça. Você consegue imaginar um Mike humano? Um ano e meio sobrevivendo mesmo sem cabeça? Negativo, para um ser humano isso seria impossível, porque se um corpo humano perde a cabeça, também perde imediatamente toda a conexão com o cérebro. E sem conexão cerebral, é impossível correr.

O fato de a morte por decapitação ser imediata e irreversível foi o que fez com que a França decretasse, em 1791, a guilhotina como o único instrumento de execução permitido. O método foi escolhido justamente pela grande eficiência, e foi considerado o mais "humanizado" (por causar menos dor e sofrimento para a pessoa condenada) e menos problemático no sentido do espetáculo gerado (as decapitações eram feitas em público). Se o corpo das pessoas guilhotinadas se pusesse a correr em público, com certeza teriam encontrado outra solução!

É possível que, se guilhotinassem uma pessoa em meio a uma corrida, o corpo dela se movesse ligeiramente para a frente por pura inércia antes de se estatelar no chão. Mas com certeza ela não alcançaria a linha de chegada!

E o que dizer daquelas...

... histórias incrivelmente macabras sobre cabeças guilhotinadas fazendo caretas ou tentando falar? É possível? A decapitação corta imediatamente a oferta de oxigênio, e sem ele o cérebro não funciona. Mesmo que sobre um pouco de oxigênio no sangue ou nos tecidos depois do corte, seria por muito pouco tempo. Talvez os olhos ou a boca fizessem alguns movimentos, que seriam mais espasmos do que movimentos conscientes ditados pelo cérebro. Tudo indica que essas histórias pertencem mais à categoria de histórias de terror do que à categoria de curiosidades científicas.

Talvez você se interesse em ler também as perguntas 2, 3, 4 e 29.

37. Podemos pedir a alguém para não morrer?
Dunia

Querida Dunia,

Em geral, não tem muito sentido pedir a alguém para não morrer. A nossa vida (e a nossa morte) não costuma depender concretamente de pessoa alguma. Talvez em alguns casos pontuais isso faça sentido. Por exemplo, se alguém estiver te apontando uma pistola, você poderia suplicar que não te matasse (ou seja, para não morrer). Se precisasse fazer uma cirurgia muito complicada (de vida ou morte), você também poderia implorar ao cirurgião que fizesse todo o possível para salvar a sua vida (ou seja, para não morrer). Ou se você estiver em um carro com uma pessoa que está dirigindo muito rápido e ficar com medo de morrer em um acidente, poderia fechar os olhos e pedir a Deus (se você acredita em algum Deus), ou simplesmente pedir em voz alta (caso você não seja uma pessoa religiosa) para não morrer. "Por favor, que eu não morra hoje." Nesses três casos você não estaria pedindo para ser imortal, mas simplesmente para não morrer naquele exato momento.

Imagine se desse para pedir para ser imortal? Se desse, você pediria para nunca morrer? Se você acha que é uma boa ideia, saiba que não é a única que pensa isso. A imortalidade é um dos desejos mais antigos dos seres humanos. Ao longo dos séculos, buscamos a chave da vida eterna. Por muito tempo, a magia foi o canal para pedir pela imortalidade. Acreditava-se que poções secretas, fontes de água para a eterna juventude escondidas nos lugares mais remotos, elixires misteriosos, cálices sagrados e até pêssegos milagrosos esconderiam o segredo da imortalidade; e aqueles que os encontrassem derrotariam a morte. Mas não se sabe de ninguém que os tenha encontrado.

Não cair no esquecimento

Uma maneira de alcançar a imortalidade seria que se lembrassem de você para sempre ou por séculos e séculos, como uma poeta do século XIX que continuamos a ler hoje, uma arquiteta que projetou o nosso edifício favorito ou a nossa bisavó, de quem nos lembramos cantando e rindo nos encontros de família. Elas não estão mais vivas e aprontando por aí, mas seguem "vivas", não é mesmo?

E se pedíssemos a imortalidade a um congelador? Sim, expectativas foram criadas (e seguem sendo alimentadas) em relação à *criogenia*: congelar o corpo inerte de uma pessoa morta e mantê-lo a baixas temperaturas, submerso em nitrogênio líquido, até o momento da história em que a ciência esteja suficientemente avançada para ser possível ressuscitá-lo e curá-lo. Você consegue imaginar alguém do século XXI voltando à vida no século XXV? A comunidade científica garante que é impossível "acordar" um cérebro, que é improvável conseguir conservar um corpo inteiro dessa forma sem danificá-lo e que nada indica que seja possível ressuscitar um corpo submerso em nitrogênio líquido a baixas temperaturas. Ainda assim, existem no mundo cerca de quinhentas pessoas criogenizadas (e umas 4 mil que já solicitaram a criogenia para quando morrerem) à espera desse futuro, caso ele seja viável.

E se pedíssemos a imortalidade a um computador? Uma imortalidade virtual! Seu cérebro poderia ser escaneado e o conteúdo transferido para um computador ou outro suporte parecido. Dessa forma, não seria preciso se preocupar com a imortalidade do corpo, apenas da mente! Mas essa ideia provoca duas perguntas importantes: o resultado de escanear o seu cérebro e transferir o conteúdo para um suporte digital realmente corresponderia à sua mente? E, ainda que escanear o cérebro permita reproduzir a sua mente fora do seu corpo, essa mente seria você ou o seu duplo digital?

Pedir não arranca pedaço, mas até agora nada deu resultado: nem a magia nem as ideias que flertam com possíveis futuros de ficção científica. Por isso a ciência atual, mais do que focar na imortalidade, centra os seus esforços em pesquisas sobre envelhecimento e as possibilidades de estender uma boa vida. Esse tipo de boa vida é o que nos faria implorar ao cirurgião, por favor, que a salve.

Talvez você se interesse em ler também as perguntas 1, 8 e 9.

38. Por que se diz "descanse em paz" e não "descanse feliz"?

Lucía

Querida Lucía,

Sua pergunta é muito espirituosa! Só de ler é quase impossível não passar pela cabeça uma festona cheia de mortos se divertindo sem parar. Olhe para eles! O que você imagina que estão fazendo? E você? Que coisas divertidas você gostaria de fazer durante toda essa travessura eterna?

Agora imagine toda uma eternidade descansando em paz. O que exatamente você imagina? Consegue pensar em alguma forma de descansar em paz que não seja tediosa?

Mas, voltando à pergunta original, que tem duas partes. Por que se costuma dizer "descanse em paz"? Se você já visitou algum cemitério e observou as lápides, certamente já leu a abreviatura R.I.P. que está inscrita em muitas delas e que é equivalente à frase em latim *requiescat in pace*. "Descanse em paz" é a tradução dessas palavras para o português. Às vezes, aparece também a abreviatura D.E.P. (as iniciais de "descanse em paz"). A frase em latim começou a circular em funerais cristãos no século VIII (quando o latim ainda era o idioma oficial das missas). Já a inscrição R.I.P. começou a aparecer com frequência no século XVIII, nas lápides cristãs. O cristianismo prega a existência de uma alma eterna, e "descanse em paz" é uma espécie de oração que pede que a alma encontre a paz eterna no céu: é um desejo para que a alma não sofra, fique tranquila e possa descansar.

Sabia que a crença em fantasmas vem da ideia de que algumas almas não conseguem descansar em paz? Segundo essa suposição, os fantasmas seriam almas penadas ou almas errantes, que não conseguem chegar ao céu porque morreram com algum fardo que não permite que descansem em paz. Então, em certo sentido, usar a expressão "descanse em paz" é uma forma de dizer: "Não vai virar fantasma!".

A frase "Descanse em paz" continua sendo muito usada atualmente, até mesmo fora de contextos religiosos. É muito utilizada em enterros por conta do seu tom solene, que parece adequado para se despedir de uma pessoa querida. A morte costuma ser pensada a partir dessa solenidade. Mas talvez seja bonito pensar que as pessoas que amamos possam descansar felizes. Como você sugere, por que não começamos a dizer "descanse feliz" em vez de dizer "descanse em paz"?

P.S.: Que ótima pergunta para terminar este livro, Lucía!

Talvez você se interesse em ler também as perguntas 14, 18 e 22.

Quem fez este livro?

Concepção e textos

ELLEN DUTHIE é escritora, tradutora e pesquisadora especializada em literatura infantil e filosofia. Fundou a editora Wonder Ponder; é autora, entre outros livros, de uma reconhecida série de filosofia visual para todas as idades; e traduz autores como Maurice Sendak e John Burningham. Entre outros prêmios, seu livro *Un par de ojos nuevos* [Um novo par de olhos], em coautoria com Manuel Marsol e Javier Sáez Castán, ganhou o prêmio Todostuslibros/Kirico de livro infantil em 2022.

ANNA JUAN CANTAVELLA é doutora em antropologia social e cultural e fez um mestrado em livros e literatura infantil e juvenil. Concilia docência, consultoria e pesquisa com a difusão da literatura infantil através do design e de formações para adultos e crianças.

Ilustrações

ANDREA ANTINORI é um premiado ilustrador com livros publicados em todo o mundo. Entre muitas outras distinções, ganhou o Prêmio Internacional de Ilustração da Feira Internacional do Livro Infantil de Bolonha-Fundação SM, em 2023; em 2019, *La grande battaglia* [A grande batalha] levou o prêmio de Melhor Livro Ilustrado na Feira Internacional do Livro Infantil de Xangai.

Projeto gráfico original

STUDIO PATTEN é formado por Aida Novoa e Carlos Egan, ilustradores e designers.

Revisão técnica

XAVIERA TORRES é bióloga e especialista em história da ciência. Dedica-se à divulgação científica e à mediação cultural. Além disso, escreve livros infantis.

MONTSE COLILLES CODINA nasceu em Solsona, em 1966. Vive e trabalha em Barcelona como psicóloga e psicanalista, assessora em educação infantil e formadora na área da literatura infantojuvenil. Acredita na nutrição cultural como forma de reduzir as desigualdades sociais.

Tradução

SHEYLA MIRANDA é tradutora, jornalista e pesquisadora. Mestra em teoria literária e literatura comparada pela Universitat de Barcelona e doutora na mesma área pela Universidade de São Paulo.

As autoras agradecem muitíssimo…
… a todas as pessoas adultas que alegremente abraçaram a ideia de conversar sobre a morte com meninas e meninos à sua volta e se deram ao trabalho de compilar e nos enviar todas as perguntas que surgiram. Queremos agradecer especialmente às meninas e aos meninos cujas perguntas são o próprio coração deste livro.

Leia *A morte é assim?*…
… com o caderninho provoca-perguntas *MORTAL! Propostas vitais para pensar sobre assuntos mortais*. Você pode fazer o download gratuito no QR Code ao lado.

Outras perguntas mortais

Mais dúvidas de seres (vivos) sobre esse assunto que mata qualquer um de curiosidade.

A morte é um sem-fim de sonhos? (Fernando, 10 anos)

Pode tirar a roupa quando morre? (A roupa que estávamos usando ao morrer.) (Heiðný, 5 anos)

Quando estamos mortos, é uma vida inteira que nunca acaba? (Gael, 8 anos)

Quando morremos, somos fantasmas? (Andrea, 10 anos)

É possível morrer por causa da máscara? (Anônima, 9 anos)

Como um gato pode morrer? (Heiðný, 5 anos)

Como o espírito chega no céu? (Héctor, 10 anos)

Por que a morte existe? (Jacob, 10 anos)

Antes de ser enterrado, se você estiver morto, podem aproveitar para te roubar? (Anônima, 9 anos)

Se você tiver claustrofobia, como vai conseguir ficar dentro de um caixão? (Florrie, 11 anos)

Quando morremos, o corpo todo morre de repente? (Anônima, 9 anos)

Se você morresse, gostaria de voltar à vida? (Pamela, 12 anos)

Podemos reencarnar? Ou ir para o além? (Bryan, 11 anos)

Se estamos mortos, temos sangue? (Anônima, 8 anos)

Você pode fazer aniversário no céu? (Anônima, 8 anos)

A morte é real? (Mariana, 8 anos)

Quando eu morrer, vou lembrar? (Sira, 6 anos)

Por que a morte às vezes chega mais rápido para algumas pessoas do que para outras? (Nerea, 10 anos)

Quando morremos, reencontramos os familiares que não estão mais vivos? (Unai, 10 anos)

O que acontece com a nossa alma? (Eloi, 10 anos)

Se você comer uma pizza e morrer engasgado, o que acontece com a pizza? Continua no corpo? (Anônima, 9 anos)

Por que morremos? (Àngel, 8 anos)

Quando morremos, o nosso coração para? (Dasha, 8 anos)

Quando morremos, vamos para o céu, para o inferno ou ficamos no túmulo? (Anônima, 9 anos)

Existe vida depois da morte? (Mariama, 8 anos, e Uma, 12 anos)

Quando sonhamos, estamos vivos ou mortos? (Mijael, 8 anos)

Quando morremos, vemos um túnel com uma luz no final? (Islam, 8 anos)

Por que choramos quando alguém morre? (Marc, 8 anos)

Por que vemos Deus quando morremos? (Mariama, 8 anos)

Você consegue dançar se estiver morto? (Anônima, 9 anos)

Crescemos quando estamos mortos? (Ariba, 8 anos)

Comemoramos aniversário quando estamos mortos? (Raquel, 8 anos)

Por que os vermes comem os mortos? (Emmanuel, 8 anos)

Temos sentimentos quando morremos? (Nataly, 8 anos)

Se morremos, lembramos? (Marc, 8 anos)

Se morremos, nascemos de novo? (Sora, 8 anos)

Qual é a sensação de estar morto? (Anônima, 9 anos)

O que você quer fazer antes de morrer? (Fernanda, 8 anos, e Alejandro, 12 anos)

Quando vemos alguém morrendo, todos reagimos da mesma forma? (Nerea, 9 anos)

Se é verdade que existem espíritos, eles usam roupa? (Fernanda, 9 anos)

Quando morremos, a nossa alma vai para o céu ou fica um tempo no lugar onde morremos? (Gadiel, 9 anos)

Os fantasmas são invisíveis? Podemos guardá-los em algum lugar? (Daniel, 9 anos)

Podemos viver até quantos anos? (Anônima, 10 anos)

Por que os mortos cheiram mal? (Meylin, 9 anos)

Quando morremos, sofremos? (Marc, 8 anos)

Quanto tempo dura um esqueleto? (Gael, 8 anos)

Quando morremos, por que os nossos olhos ficam abertos? (Mishal, 9 anos)

O que fazem com as roupas que estamos vestindo quando morremos? (Ismael, 9 anos)

Se morrermos, vamos renascer e voltar a ser crianças? (Gadiel, 9 anos)

Se nos comportamos mal, somos mandados para o inferno quando morremos e somos cremados? (Verónica, 9 anos)

O que acontece com o nosso cabelo quando morremos? (Ismael, 9 anos)

Pergunta para um vampiro: o que você faria se estivesse morto? (María Cecilia, 9 anos)

Os mortos brincam entre eles? (Daniel, 9 anos)

Se estamos no céu, como é possível também estarmos no túmulo? (Anônima, 10 anos)

A morte é o fim ou o início de tudo? (Nagore, 11 anos)

Os mortos dormem? (Gadiel, 9 anos)

No céu existe um mundo como este, mas com espíritos? (Héctor, 10 anos)

Para onde vai o sangue do nosso corpo quando morremos? (Mishal, 9 anos)

Por que arrumam o morto todo bonito se logo ele vai ser enterrado? (Arthur, 9 anos)

Se não for cristão, você vai para o inferno? (Anônima, 9 anos)

O que você prefere? Morrer com alguém ou morrer sozinho? (Marina, 11 anos)

Por que dão flores para os mortos se eles não podem pegar? (Meylin, 9 anos)

Estamos vivendo ou simplesmente morrendo lentamente? (Uzinga, 11 anos)

Se já tiver morrido, o espírito continua vivo? (Juliana, 11 anos)

Se você for imortal e pular pela janela, machuca? (Anônima, 11 anos)

Quando tempo leva para um cadáver se decompor? (Mikaela, 10 anos)

Para onde a nossa alma vai quando morremos? (Mikaela, 10 anos)

Se somos cremados, a nossa alma continua viva? (Maily, 10 anos)

O que aconteceria se fôssemos enterrados vivos? (Paula, 10 anos)

Como nos sentimos quando morremos? (Izan, 10 anos)

Pergunta para um esqueleto: como você se sente por não ter nem carne nem pele? (Florrie, 11 anos)

Quando está morto, você é um deus? (Anônima, 9 anos)

O que sentimos quando morremos? (Nabil, 11 anos)

Quando tempo leva para um corpo se decompor no espaço? (Núria, 11 anos)

Para onde vamos quando morremos? (Marco, 11 anos)

Quando estamos mortos, comemos? (Anônima, 9 anos)

Quando estamos mortos, sentimos medo? (Maria, 12 anos)

Por que quando alguém morre fazem um funeral? (Gia, 11 anos)

Posso ser um fantasma? (Jóhann, 12 anos)

É possível ser um fantasma? (Anônima, 8 anos)

Um morto consegue se mexer? (Heiðný, 5 anos)

Acha que as suas ações em vida vão te afetar quando você estiver morto? (Marcos, 15 anos)

Se estamos mortos, conseguimos nos lembrar dos nossos pais, irmãos e amigos? (Zian, 5 anos)

É possível ter coração e cérebro estando morto? (Dunia, 5 anos)

Dói alguma coisa quando estamos mortos? (Sifdin, 5 anos)

Quando você morre, renasce no corpo de um recém-nascido sem saber que já tinha vivido no corpo de outra pessoa? (Elma, 11 anos)

É triste enterrar alguém? (Julia, 5 anos)

O que sentimos antes de morrer? (Enma, 11 anos)

Podemos abrir os olhos e falar com Jesus quando estamos mortos? (Anônima, 5 anos)

Se estamos mortos, podemos sair do túmulo? (Abel, 5 anos)

Depois de morrer, ressuscitamos em outro corpo? (Anna, 10 anos)

Como você se torna um esqueleto? (Iván, 5 anos)

Como você se torna um fantasma? (Julen, 5 anos)

Quando morremos, temos cabelo? (Carla, 5 anos)

Podemos ouvir e ver as pessoas vivas quando estamos mortos? (Fernando, 5 anos)

Quando estamos mortos, sofremos se um vampiro chupar o nosso sangue? (César, 5 anos)

Se eu morrer fazendo cara de boba, fico assim para sempre? (Anônima, 7 anos)

Você prefere estar vivo ou morto? (Sofía, 5 anos)

O que acontece com o nosso corpo e com a nossa alma quando morremos? (Lara, 12 anos)

O que você sente quando está morto ou morta? (Mikaela, 10 anos)

Como te colocam no caixão? (Acher, 5 anos)

Quando morremos, o espírito sai bravo? (Clàudia, 5 anos)

Quando morremos, sonhamos? (Valentina, 11 anos)

As pessoas que amamos muito continuam com a gente mesmo depois de mortas? (Anônima, 6 anos)

Por que morremos para sempre? (Luca, 8 anos)

Quando morremos, morre só o corpo, mas não a alma? (Lara, 12 anos)

E o que o vovô vai fazer dentro da gaveta mortuária? (Jan, 8 anos)

O que passa pela cabeça quando estamos a ponto de morrer e sabemos disso? (Marina, 11 anos)

Quando estamos mortos, conseguimos sonhar? (Leire, 11 anos)

Até quanto tempo podemos viver? (Maily, 10 anos)

Quando morremos, existe um mundo paralelo ao nosso? (Nagore, 11 anos)

Quando estamos mortos, sentimos falta da nossa outra vida? (María, 12 anos)

Quantas pessoas estão no céu? (Anônima, 5 anos)

Quando morremos, podemos escolher ser fantasma ou reencarnar? Ou não nos dão escolha? (Alan, 10 anos)

A reencarnação é real? (Abril, 10 anos)

Se você for um fantasma, pode voltar a morrer? (Aitana, 11 anos)

Estamos vivendo para morrer? (Juliana, 11 anos)

Esta vida é um jogo de video game e a morte é a fase seguinte? (Edurne, 11 anos)

Por que a cor preta é associada à morte? (Hugo, 11 anos)

Para onde os pensamentos vão quando morremos? (Blanca, 10 anos)

A morte é má? (Abril, 10 anos)

Quem decide quem vai para o céu ou para o inferno? (Mario, 12 anos)

Dá para morrer de nojo? (Olmo, 11 anos)

O que aconteceria se soubéssemos o que acontece depois que alguém morre? Para onde a pessoa vai e o que acontece? (Iker, 11 anos)

Dá para fazer amigos no céu? (Anônima, 9 anos)

Se ninguém morresse, o que aconteceria? (Leire, 11 anos)

Dói quando os vermes comem os mortos? (Florrie, 11 anos)

Quando alguém morre, é para celebrar ou para chorar? (Izam, 12 anos)

É possível ressuscitar as pessoas? (Diego, 11 anos)

Os fantasmas podem ver outros fantasmas? (Ismael, 9 anos)

Se existe algo além, lembramos da vida anterior? (Elma, 11 anos)

Quando morremos, sentimos dor? (Gia, 11 anos, e Alan, 10 anos)

Quando morremos, temos oportunidade de reencontrar a nossa família? (Enma, 11 anos)

Qual é o sentido da vida? (Jimena, 11 anos)

Fica cansativo viver muito tempo? (Yuma, 11 anos)

Como os mortos comem? (Irene, 11 anos)

Estando morto, você sabe que está morto? (Anna, 10 anos)

Quanto tempo leva para morrer? (Telma, 11 anos)

O que sentimos ao morrer? (Nagore, 11 anos)

É possível crescer depois de morrer? (Marco, 11 anos)

Se você for muito velha e não morrer por nada, dá para morrer de velhice? (Anônima, 11 anos)

Você gostaria de ser enterrada? (Paula, 10 anos)

Quando morremos, reencarnamos? (Uzinga, 11 anos)

Como saber quando morremos? (Jairo, 10 anos)

Dá para perceber alguma coisa durante ou antes da morte? (Irene, 11 anos)

Quando todas as pessoas morrerem, o que vai vir depois? (Gala, 6 anos)

Existe alguma coisa depois da morte? (Valentina, 11 anos)

Um vampiro pode morrer? (Jimena, 11 anos)

Quando estamos mortos, nos lembramos da vida? (Aitana, 11 anos)

É verdade que se nos comportarmos mal, vamos para o inferno? (Anônima, 9 anos)

É agradável morrer? (Jorge, 11 anos)

Morrer dói? (Laura, 10 anos)

A morte é para sempre?
(Esther, 13 anos)

É necessário morrer?
(Jairo, 10 anos)

Por que quando morremos nos
decompomos? (Telma, 11 anos)

Qual é a sensação de não ter
carne? (Izam, 12 anos)

Somos livres estando mortos?
(Elma, 11 anos)

Algum dia voltamos a ver os
mortos? (Esther, 13 anos)

Desaparecemos para
sempre quando morremos?
(Drago, 11 anos)

Se você soubesse que vai
morrer, mudaria sua vida?
(Anônima, 9 anos)

Por que as pessoas têm que
morrer? Para dar lugar para as
outras? (Ariadna, 10 anos)

Se você acredita em Deus, Deus
morre? (Gala, 6 anos)

Como é o inferno ou o céu?
(Enma, 11 anos)

Se quando morremos vemos
uma luz, isso significa que vamos
voltar a nascer? Como se fosse
a primeira luz que vemos ao
nascer? (Irene, 11 anos)

Como pensar, se estamos mortos?
(Anônima, 9 anos)

A alma é imortal, mas não nos
lembramos das nossas vidas
passadas? (Luca, 8 anos)

Por que temos medo da morte?
(Lara, 12 anos)

O que você prefere, ter uma vida
curta mas plena ou uma vida
longa sem alcançar a felicidade?
(Jóhann, 12 anos)

Deus existe? (Iker, 11 anos)

A morte é uma saída?
(Marina, 11 anos)

Um morto pode nos visitar?
(Esther, 13 anos)

Quando eu estiver morta, vou
ter brinquedos no mundo dos
mortos? (Sofía Eliana, 5 anos)

Se alguém pensa que estamos
mortos, mas na realidade não
estamos, morremos no cemitério?
(Laia, 10 anos)

Os mortos têm coração?
(Aylin, 8 anos)

Nós gostamos de morrer?
(Sara, 7 anos)

O que você prefere: morrer
congelado, afogado ou
queimado? (Irene, 11 anos)

Para onde vamos quando
morremos? (Anônima, 8 anos)

Conectar uma pessoa a uma máquina para ela continuar respirando mesmo já estando morta não é egoísta? (Mateo, 11 anos)

Temos sentimentos quando estamos mortos? (Lorena, 10 anos)

O diabo existe? (Anônima, 9 anos)

Quando morremos, sentimos falta dos amigos? (Sira, 6 anos)

Quando estou dormindo, estou vivo ou morto? (Fede, 8 anos)

Vou ser um esqueleto quando morrer? Tenho medo! (Sara, 7 anos)

Se o mundo não para nunca, o que vamos fazer quando estivermos mortos? (Gael, 7 anos)

Carma existe? (Anônima, 10 anos)

Quando estamos mortos, sentimos falta das pessoas que nos amam? (Lorena, 10 anos)

Para onde vão os mortos? (Ian, 6 anos)

Dá para morrer falando? (Nabroopkau, 6 anos)

Por que os esqueletos não têm coração? (Rocío, 6 anos)

É legal ser um fantasma? (Jagbir, 6 anos)

Por que temos de morrer? (Anônima, 10 anos)

Eu ia continuar gostando de pizza se estivesse morto? (Tizziano, 6 anos)

Por que os mortos morrem? (Amèlia, 6 anos)

No inferno está tudo queimado? (Cristóbal, 6 anos)

Se estamos mortos, não conseguimos comer porque não conseguimos abrir a boca? (Nuria, 6 anos)

Como vamos saber que os esqueletos estão mortos? (Olivia, 6 anos)

Se você morrer, quem te recebe? (Anônima, 10 anos)

Como os espíritos vivem? (Mia, 6 anos)

É assustador estar em um túmulo? (Àfrica, 6 anos)

Se estamos mortos, não conseguimos respirar? (Esteban, 6 anos)

Se você é um fantasma, consegue fazer as coisas se mexerem? (Kai, 6 anos)

E como fazer para acreditarem que você só foi dormir e morreu dormindo? (Anônima, 12 anos)

Por que os esqueletos, quando estão mortos, não conseguem comer? (Kendra, 6 anos)

Daria para ver a lua se eu estivesse morta? (Paula, 6 anos)

Eu poderia comer balas estando morta? (Miri, 6 anos)

Dá para morrer no céu? (Anônima, 9 anos)

Entra terra no olho quando estamos mortos? (Kiowa, 6 anos)

Por que os esqueletos não têm carne? (Dana, 6 anos)

Temos pele quando estamos mortos? (Manuela, 6 anos)

Quando morremos, temos memória? (Max, 6 anos)

É possível saber quando vamos morrer? (Gael, 8 anos)

Os filósofos morrem? (Ranbir, 6 anos)

Quando alguém morre, pode virar animal? (Anônima, 9 anos)

Os esqueletos sobrevivem na terra? (Emma, 6 anos)

Posso ver uma alma morta? (Sofía, 6 anos)

Quando estamos mortos, pensamos nos nossos amigos? (Youssef, 6 anos)

Quando estamos mortos, conseguimos conversar com a nossa família? (Koado, 6 anos)

Se arrancarem o seu olho e você morrer, o olho continua vivo? (Anônima, 9 anos)

Podemos fazer amigos mortos? (Mia, 6 anos)

É interessante morrer? (León, 7 anos, e Lina, 7 anos)

É importante morrer? (Gabriela, 7 anos)

Se você morrer, continua sentindo amor pelas pessoas no céu? (Anônima, 9 anos)

Quando me pergunto "o que existe depois da morte", a minha resposta é "nada". Mas logo depois me pergunto: "e o que é o 'nada'?". (Iain, 11 anos)

Por que morremos? (Rayan, 7 anos; Eloi, 11 anos; e Àngel, 8 anos)

Por que dar importância à morte? (Adrián, 13 anos)

Quando morremos, continuamos indo para a escola? (Mesmo que ninguém nos veja.) (Anônima, 9 anos)

O que posso fazer para não morrer? (Francisco, 7 anos)

Existe mesmo um paraíso? Eu entraria? (Jóhann, 12 anos)

Se fosse imortal, o que você faria? (Paula, 10 anos)

Quantos anos você gostaria
de ter antes de morrer?
(Pamela, 12 anos)

O que é o inferno?
(Yarmin, 8 anos)

Quando morremos, continuamos
gostando de pizza?
(Anônima, 8 anos)

A nossa alma voa?
(Gabriela, 7 anos)

Pergunta para um esqueleto:
você desmorona caso se mexa?
(María Cecilia, 9 anos)

Quando morremos, temos vida?
(Lucas, 8 anos)

Estou realmente morta ou
é o meu corpo que não está
funcionando? (Eliana, 8 anos)

É sempre triste morrer?
(Merien, 8 anos)

Quais são as coisas mais
importantes da sua vida?
(Joana, 10 anos)

O que fazem no inferno?
(Yarmin, 7 anos, e Wiorne, 8 anos)

Os mortos queimam se forem
para o fogo? (Anônima, 9 anos)

A morte é um sonho?
(Jana, 7 anos)

Você, como morreria?
(Yarmin, 7 anos)

O paraíso é real? (Eliana, 8 anos)

Os mortos ficam sabendo
se falamos sobre eles?
(Anônima, 9 anos)

Um coelho pode ir para o céu?
(Jana, 7 anos)

Conseguimos pensar quando
estamos mortos? (Mencía, 8 anos)

Quanto tempo leva para o nosso
corpo se decompor depois da
morte? (Iain, 11 anos)

Como posso viver em paz
se sei que vou morrer?
(Anônima, 11 anos)

Como as pessoas mais velhas
chegam ao céu se não têm asas?
(Sira, 6 anos)

Como os mosquitos morrem?
(Clàudia, 5 anos)

As plantas que morreram na
enchente sabiam que iam morrer?
Sentiram dor? (Gael, 7 anos)

O que acontece se você for
para o inferno e ressuscitar?
(Anônima, 9 anos)

Senhor vampiro, tem sangue no
seu corpo? Quantos anos você
tem? (Isabella, 5 anos)

A morte e o diabo são cúmplices?
(Anônima, 10 anos)

Quando alguém diz "Estou
morrendo de fome", está
realmente morrendo?
(Sebastián, 5 anos)

Para onde você vai se te matarem por acidente? (Anônima, 10 anos)

Um morto pode se divertir? Como ele se diverte? (Elena, 5 anos)

É lícito que os políticos e as pessoas opinem que a eutanásia é algo ruim sem conhecer o sofrimento da pessoa? (Mateo, 11 anos)

O que você faria se fosse imortal? (Joana, 10 anos)

Certeza que não morremos à noite e depois ressuscitamos? (Anônima, 10 anos)

Quantas vezes um morto poderia visitar a família? (Isabella, 5 anos)

Pergunta para um esqueleto: como você consegue se movimentar se não tem músculos? (Florrie, 11 anos)

Quando morremos, nos lembramos das coisas? (Anônima, 8 anos)

Por que colocamos uma foto do lado de fora (na lápide)? (Sira, 6 anos)

Quando morremos, sentimos falta do nosso corpo? (Yuma, 11 anos)

Caso o céu e o inferno existam, dá para passar de um para o outro e vice-versa? (Guillermo, 15 anos)

As pessoas têm emoções no mundo dos mortos? (Aylin, 8 anos)

É possível morrer de amor ou de rir? (Anônima, 9 anos)

Existem animais no mundo dos mortos? (Sofía Eliana, 5 anos)

Pergunta para um vampiro: você gostaria de morrer? (María Cecilia, 9 anos)

Conseguimos pensar se estivermos mortos? (Anônima, 9 anos)

Dona Caveira, às vezes você sente fome? Se sim, o que você come? (Isabella, 5 anos)

Quando vamos para o céu, o corpo todo vai junto? (Clàudia, 5 anos)

Dá para fazer cocô quando estamos mortos? (Anônima, 8 anos)

A morte dos animais é igual à nossa, só que sem as flores? (Sira, 6 anos)

Como alcançar a felicidade completa? (Luz Mary, 13 anos)

Onde um corpo demora mais para se decompor, no túmulo ou em uma gaveta mortuária? (Miguel Ángel, 13 anos)

Quando vamos para o céu, começamos uma nova vida? (Anônima, 9 anos)

Pergunta para um vampiro: você já pensou que fosse morrer? (María Cecilia, 9 anos)

Deveríamos ter medo da morte?
(Adrián, 13 anos)

Quando um hospital tem poucos recursos por causa de uma pandemia, é lógico decidir que a pessoa beneficiada seja jovem? (Mateo, 11 anos)

Se alguém morre e o corpo for ferido no mundo real, a pessoa sente isso no céu? (Anônima, 9 anos)

Nós vamos para o céu ou para o inferno? (Hugo, 13 anos)

Quando morremos, ficamos invisíveis? (Sofía Eliana, 5 anos)

Dona Caveira, se você perde um dente, ele volta a crescer? (Isabella, 5 anos)

É possível morrer falando? (Anônima, 8 anos)

Por que tem que existir algo depois da morte? (Adrián, 13 anos)

Se morrermos, encontraremos os nossos familiares? (Hugo, 13 anos)

Você prefere que as pessoas se lembrem de você morto ou que nem saibam que você está vivo? (África, 13 anos)

As pessoas mortas têm sentimentos? (Anônima, 9 anos)

É verdade essa história de que vamos para o céu ou para o inferno? (Alejandro, 12 anos)

Você mudaria alguma coisa na sua vida antes de morrer? (Pamela, 12 anos)

No céu, você continua envelhecendo ou fica sempre igual? (Anônima, 8 anos)

Pergunta para um esqueleto: você gostaria de ter pele? (María Cecilia, 9 anos)

Você gostaria de reencarnar como gato ou coelho? (Fernanda, 8 anos)

O que você faria se soubesse quando vai morrer? (Joana, 10 anos)

Quando estamos mortos e debaixo da terra, conseguimos respirar? (Clàudia, 5 anos)

Você gostaria de ter a vida de outra pessoa? (Joana, 10 anos)

O que você faria se fosse morrer daqui a uma hora? (Tatiana, 11 anos)

Quanto tempo ficamos no céu? (Anônima, 9 anos)

O que fazer se ao morrer tivermos alguma tarefa pendente? (Uzinga, 11 anos)

Os animais veem fantasmas? (Miguel Ángel, 13 anos)

Como saber se vamos ficar bem quando morrermos? (Anônima, 11 anos)

O inferno existe?
(Francisco, 7 anos)

Quando morremos, as pessoas se lembram do que fizemos com elas? (Sira, 6 anos)

Por que a vida não é eterna? (Francisco, 7 anos)

Os mortos morrem? Se não morrem, onde eles estão? (Anônima, 11 anos)

Um aparelho, se estiver sem pilha, está morto? (Fausto, 5 anos)

Por que as pessoas morrem um dia? (Sofía Eliana, 5 anos)

A morte está viva ou morta? (Mariana, 8 anos)

Por que algumas pessoas morrem antes que outras? (Olmo, 11 anos)

Quantas vezes você tem que se comportar mal para ir para o inferno? (Anônima, 9 anos)

Se os meus pais morrerem, é verdade que eles vão cuidar de mim lá do céu? (Álex, 9 anos)

Ao morrer, conseguimos ver a morte? (Vania, 8 anos)

Dá para comer estando morto? (Sofía Eliana, 5 anos)

Quando morremos, encontramos os nossos antepassados? (Anônima, 9 anos)

A morte está comigo, me observando? (Sara, 11 anos)

Por que as flores nos fazem lembrar dos mortos? (Sira, 6 anos)

Quando morremos, a alma vai para o céu, mas onde ela está quando estamos vivos? (Anônima, 11 anos)

A vida no planeta será para sempre? (Ander, 11 anos)

Cada pessoa vai sentir a morte de um jeito diferente? (Pablo, 11 anos)

A morte morre? (Juan, 11 anos, e Mireia, 6 anos)

O que vou fazer quando estiver morta? (Anônima, 9 anos)

Se a morte acompanha a gente desde o nascimento, ela continua a nos acompanhar quando morremos? (Tere, 10 anos)

Pergunta para um vampiro: quando não era imortal, você tinha medo de morrer? (Gael, 8 anos)

Vou ver os meus familiares mortos quando eu morrer? (Anônima, 9 anos)

Você quer fazer alguma coisa antes de morrer? (Pamela, 12 anos)

A morte está cuidando de nós? (Sara, 11 anos)

A memória dos vampiros dura tanto quanto a dos humanos? (María Cecilia, 9 anos)

Os mortos ficam invisíveis aos poucos? (Anônima, 8 anos)

Se desmaiamos, morremos por um instante? (Álex, 9 anos)

Se a morte é o nada, quem é a morte? (Ander, 11 anos)

Os mortos se divertem? (Aylin, 8 anos)

Você acha que pode ressuscitar? (Guillermo, 15 anos)

Você gostaria de ser um vampiro? (Fernanda, 8 anos)

Quanto tempo você fica triste se morrer? E se a sua mãe morrer? (Anônima, 10 anos)

Por que morremos? (Marcos, 15 anos)

Quando morremos, temos consciência do que está acontecendo no exato momento em que está acontecendo? (Isabel, 14 anos)

Que coisas dão sentido à sua vida? (Tatiana, 11 anos)

Se os fantasmas existem, como eles são? (Anônima, 8 anos)

Você gostaria de ser imortal? (Pamela, 12 anos)

Por que temos de falar sobre a morte? (Anônima, 11 anos)

É possível sonhar com a real sensação da morte? Ou é uma sensação que só se manifesta uma vez? (Isabel, 14 anos)

Quando nascemos, podemos morrer? (Maily, 10 anos)

Os mortos conseguem enxergar? (Aylin, 8 anos)

O que acontece com tudo que tenho de fazer se eu morrer antes da hora que era pra eu morrer? (Anônima, 11 anos)

Você acha que a sua vida tem o mesmo sentido que o de uma milionária? (Tatiana, 11 anos)

A MORTE É ASSIM?
TUM-TUM
FOI CONCEBIDO
TUM-TUM
ESCRITO
TUM-TUM
ILUSTRADO
TUM-TUM
PROJETADO
TUM-TUM
DIAGRAMADO
TUM-TUM
TRADUZIDO
TUM-TUM
EDITADO
TUM-TUM
REVISADO
TUM-TUM
IMPRESSO
TUM-TUM
DISTRIBUÍDO
TUM-TUM
E VENDIDO
TUM-TUM
POR SERES HUMANOS VIVOS.
VOCÊ JÁ LEU?
TUM-TUM.

¿Así es la muerte?
© texto, Ellen Duthie, 2024
© texto, Anna Juan Cantavella, 2024
© ilustrações, Andrea Antinori, 2024

Publicado mediante acordo com Agencia Literaria CBQ.

Todos os direitos desta edição reservados à Todavia.

Grafia atualizada segundo o Acordo Ortográfico da Língua
Portuguesa de 1990, que entrou em vigor no Brasil em 2009.

edição — Mell Brites
assistência editorial — Laís Varizi
preparação — Silvia Massimini Felix
revisão — Ana Alvares, Karina Okamoto
revisão técnica do original — Xaviera Torres, Montse Colilles Codina
produção gráfica — Aline Valli
projeto gráfico original — Studio Patten
composição e adaptação do projeto original — Nathalia Navarro,
Lucio de Godoy

Dados internacionais de Catalogação na Publicação (CIP)

Duthie, Ellen (1974-)
   A morte é assim? : 38 perguntas mortais de meninas
e meninos / Ellen Duthie, Anna Juan Cantavella ;
ilustrações Andrea Antinori ; tradução Sheyla Miranda.
— 1. ed. — São Paulo: Baião, 2024.

   Título original: ¿Así es la muerte?
   ISBN 978-65-85773-57-7

   1. Literatura infantil. 2. Morte. 3. Curiosidades.
4. Perguntas e respostas. I. Cantavella, Anna Juan.
III. Antinori, Andrea. IV. Miranda, Sheyla. V. Título.

                                        CDD 028.5

Índice para catálogo sistemático:
1. Literatura infantil 028.5

Bruna Heller — Bibliotecária — CRB-10/2348

baião

Rua Luís Anhaia, 44
05433.020 São Paulo SP
t. 55 11 3094 0500
www.baiaolivros.com.br

fonte — Lygia, Variex
papel — Offset 90 g/m²
impressão — Geográfica